JN085146

オールカラー

知識ゼロから読めるようになる!

公認会計士
大下 航 監修

# 決算書「超」入門

ナツメ社

# はじめに

　決算書は、会社の実態を「数字」で示したものです。どのくらいもうけているかはもちろん、会社が何を考えて、どのように活動しているかまで読み取ることができます。会社の悲喜こもごものドラマが詰まった、興味深い"読み物"といっても過言ではありません。

　しかし、一般の人にとって「決算書を読む」ということのハードルは高いものです。この本は「決算書を読んでみたい」「でも、数字は苦手」「専門用語が難しい」という初めて決算書を読もうとする人に向けてつくりました。最低限必要なことを、できるだけやさしい言葉と漫画で、わかりやすくまとめています。

　決算書が読めるようになれば、ビジネスシーンで会社の数字の話が出ても、恐れることはありません。新聞やテレビの経済ニュースも、より興味をもって追えるようになるでしょう。もちろん資産運用にも役立ちます。

　決算書の数字を、あなたの世界と結び付けていく——その最初の一歩を、本書がお手伝いできれば幸いです。

大下航公認会計士税理士事務所

大下 航

# CONTENTS

## PART3
## 会社の財産をまるっと表す
# 貸借対照表

**PART4**

お金の増減を追いかける
# キャッシュフロー計算書

## PART5
### "比率"を使うともっとわかる
# 分析指標のパターン＆コツ

## PART6
### あの有名企業はどんな会社？
# 決算書の読み方【実践編】

※本書は2020年9月現在の情報に基づいて作成したものです。

### この本の登場人物

**先生（公認会計士）**
はじめて決算書を見る人に、わかりやすく説明します

**会社員**
とある会社の営業職。仕事上、決算書を読めるようになりたい

**デザイナー**
最近はじめた株式投資に役立つ決算書の見方を知りたい

犬

# 決算書が読めると、ぜったいに楽しい！

決算書は、
会社のお金に関する数字が
まとめられた報告書です

もうかったか、損したか、
どんな財産を持っているか

"経営者が財務状況を知る"ため、
また、"関係者に財務状況を
知らせる"ためにつくられます

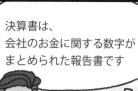

経営者や経理担当者が、財務状況を把握して、
問題点を見付け、経営上の判断をする材料

それに加えて

投資家にとっては、
対象企業の業績を知り、
どう投資すればいいか考える材料

金融機関や取引先にとっては、
財務状況や経営内容を確認して、
貸倒れなどのリスクを避けるための判断材料

……っと、
とっても便利な報告書類ですよ

PART 1

15分でざっくり知ろう

# 決算書のキホン

簿記や会計の知識が
なくても大丈夫！

PART1では、はじめて
決算書にふれるみなさんに、
知っておきたい基礎知識を
ごく簡単に紹介します

# 会社の経済活動を
# とりまとめた報告書

もうけや損、財産などをまとめて、
会社の経営状態を報告する書類を、決算書といいます。

"決算セール"といって特売しているのを見ますが、「決算」ってそもそも何ですか？

"ある期間のもうけや損を計算して経営成績や財政状態をまとめること"を決算といいます。決算前に値下げ販売する戦略が、決算セールですよ

なるほど〜。じゃあ「決算書」は、もうけや損、財政状態を集計した書類ってこと？

その通り！ 決算書はいくつかの書類から構成されますが、メインは右ページの3つです

## ■決算書 ＝ 会社の経済活動を集約した報告書

　世の中のすべての会社は、商品やサービスなどを売ってお金を稼いでいます。しかし、はたから見ても、その会社がどのくらい稼いでいるのか、どのくらい財産を持っているのかはわかりません。そこで、経営成績や財政状態をとりまとめた報告書をつくることが決められています。これが「決算書」で、いわば会社の"成績表"や"健康診断書"のようなもの。正式には「計算書類」、または「財務諸表」といいます（P27）。複数の書類から成りますが、**メインとなるのは「損益計算書」「貸借対照表」「キャッシュフロー計算書」の3つです**。

# 決算書のメインは3つの書類

会社のさまざまな経済活動の記録をまとめた報告書が決算書。複数の書類で構成される決算書のなかでも、とくに重要なのは下の3つ。

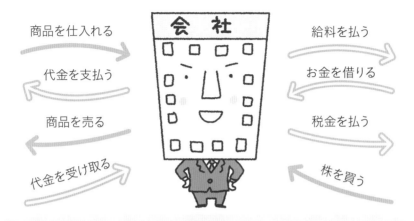

商品を仕入れる
代金を支払う
商品を売る
代金を受け取る

給料を払う
お金を借りる
税金を払う
株を買う

さまざまな経済活動をまとめたものが……

## 決算書

| もうけを<br>まとめた | 財産を<br>まとめた | お金の増減を<br>まとめた |
|---|---|---|
| 損益計算書<br><small>そん えき けい さん しょ</small> | 貸借対照表<br><small>たい しゃく たい しょう ひょう</small> | キャッシュフロー<br>計算書 |
| どんな取引をして、最終的にいくらもうけた（損した）か、会計期間の成果を示す。 | 決算日の時点で、現金や商品、建物などの資産がいくら、借金などの負債がいくらあるかを示す。 | 会計期間に、現金などのキャッシュがどんな活動でいくら入って、いくら出ていったかを示す。 |

この3つのほかに、「株主資本等変動計算書」「注記表」
<small>かぶぬし し ほんとうへんどうけいさんしょ　　ちゅう き ひょう</small>
などがあります。

ほかの書類は
どんなもの？
▶P128

# じっさいの決算書は こんなもの!

では早速、メインとなる3つの書類を見てみましょう。
ここではイメージをつかむだけで十分です。

> 決算書の3つの書類が、じっさいにどのような
> ものか、ちょっと見てみましょうか

● **損益計算書** (そんえきけいさんしょ)　Profit and Loss Statement ＝ P/L (ピーエル)

一定期間における、利益（profit）と損（loss）を表した書類で、「P/L」
と呼ぶ。売上（収益）から、それを得るためにかかったコスト（費
用）を差し引いて、最終的な利益（または損）を算出する。

● **貸借対照表** (たいしゃくたいしょうひょう)　Balance Sheet ＝ B/S (ビーエス)

決算日の時点の、会社が持つ財産を表した書類。「資産の部」「負債
の部」「純資産の部」で表示される。「資産＝純資産＋負債」の関係
が成立するので、「バランスシート（B/S）」とも呼ぶ。

● **キャッシュフロー計算書**　Cash Flow Statement ＝ C/S (シーエス)

一定期間における、キャッシュ（主に現金や預金）の流れ（flow）
を表した書類で、「C/S」と呼ぶ。キャッシュの出入りを、「営業活動、
投資活動、財務活動」の3つの活動に分けて表示している。

> 知らない言葉や
> 数字が並んでいて
> 難しそう〜

> 心配しなくて大丈夫!
> 必要な用語は
> 限られています。
> 使ううちになれますよ

\ 1年間のもうけをまとめた /

## 損益計算書 P/L

PART2
▶ P36

（自 ○年○月○日　至 ○年○月○日）

（単位：百万円）

| | 科目 | 金額 |
|---|---|---|
| ▶P42 | 売上高 | 8,000 |
| | 売上原価 | |
| | 　期首商品棚卸高 | 450 |
| ▶P44 | 　当期商品仕入高 | 3,400 |
| | 　合計 | 3,850 |
| | 　期末商品棚卸高 | 350 |
| | 　商品売上原価 | 3,500 |
| ▶P46 | 　売上総利益 | 4,500 |
| | 販売費及び一般管理費 | |
| | 　給与手当 | 1,000 |
| | 　地代家賃 | 300 |
| ▶P48 | 　減価償却費 | 100 |
| | 　その他 | 2,600 |
| | 　販売費及び一般管理費合計 | 4,000 |
| ▶P52 | 　営業利益 | 500 |
| | 営業外収益 | |
| | 　受取利息 | 3 |
| | 　その他 | 1 |
| | 　営業外収益合計 | 4 |
| ▶P54 | 営業外費用 | |
| | 　支払利息 | 5 |
| | 　その他 | 1 |
| | 　営業外費用合計 | 6 |
| | 　経常利益 | 498 |
| | 特別利益 | |
| | 　固定資産売却益 | 54 |
| | 　その他 | 2 |
| | 　特別利益合計 | 56 |
| ▶P56 | 特別損失 | |
| | 　貸倒損失 | 50 |
| | 　その他 | 4 |
| | 　特別損失合計 | 54 |
| | 　税引前当期純利益 | 500 |
| ▶P58 | 法人税等 | 150 |
| | 　当期純利益 | 350 |

各用語の説明は
参照ページを
チェック！

＊決算書の科目（項目）は会社によって異なります。

# 決算日時点の財産をまとめた

## 貸借対照表 （たいしゃくたいしょうひょう） B/S

PART3
▶ P70

（○年○月○日）

（単位：百万円）

▶ P76
▶ P80
▶ P86
▶ P89
▶ P93

| 資産の部 | | 負債の部 | |
|---|---|---|---|
| **流動資産** | | **流動負債** | |
| 　現金及び預金 | 1,800 | 　買掛金 | 500 |
| 　受取手形 | 200 | 　短期借入金 | 200 |
| 　売掛金 | 600 | 　未払金 | 200 |
| 　有価証券 | 50 | 　未払法人税等 | 50 |
| 　商品 | 350 | 　その他 | 50 |
| 　その他 | 350 | 　　流動負債合計 | 1,000 |
| 　貸倒引当金 | △50 | **固定負債** | |
| 　　流動資産合計 | 3,300 | 　長期借入金 | 1,000 |
| **固定資産** | | 　退職給付引当金 | 400 |
| （有形固定資産） | | 　その他 | 100 |
| 　建物・構築物 | 1,600 | 　　固定負債合計 | 1,500 |
| 　　減価償却累計額 | △200 | **　負債合計** | 2,500 |
| 　機械・運搬具 | 300 | **純資産の部** | |
| 　　減価償却累計額 | △100 | **株主資本** | |
| （無形固定資産） | | 　資本金 | 1,000 |
| 　ソフトウェア | 50 | 　資本剰余金 | 500 |
| （投資その他の資産） | | 　利益剰余金 | 1,000 |
| 　投資有価証券 | 50 | | |
| 　　固定資産合計 | 1,700 | **　純資産合計** | 2,500 |
| **　資産合計** | 5,000 | **　負債・純資産合計** | 5,000 |

＊△マークはマイナスを意味します。

この書類は表が
左と右に分かれ
ていますね

お金のやりくりが
見えてきやすい
構成なんです（P72）

018

\\ 1年間のお金の流れをまとめた /

## キャッシュフロー計算書 C/S

PART4
▶ P108

（自 ○年○月○日　至 ○年○月○日）

（単位：百万円）

| | |
|---|---:|
| **営業活動によるキャッシュフロー** | |
| 税引前当期純利益 | 500 |
| 減価償却費 | 100 |
| 貸倒損失 | 50 |
| 固定資産売却損益（△は益） | △54 |
| 貸倒引当金の増減額（△は減少） | 10 |
| 受取利息及び受取配当金 | △3 |
| 支払利息 | 5 |
| 売上債権の増減額（△は増加） | 60 |
| 棚卸資産の増減額（△は増加） | 100 |
| その他の流動資産の増減額（△は増加） | △15 |
| 仕入債務の増減額（△は減少） | △80 |
| その他の流動負債の増減額（△は減少） | 28 |
| 小計 | 701 |
| 利息及び配当金の受取額 | 2 |
| 利息の支払額 | △4 |
| 法人税等の支払額 | △100 |
| 営業活動によるキャッシュフロー | 599 |
| **投資活動によるキャッシュフロー** | |
| 有価証券の取得による支出 | △10 |
| 有価証券の売却による収入 | 5 |
| 有形固定資産の取得による支出 | △10 |
| 有形固定資産の売却による収入 | 175 |
| 投資活動によるキャッシュフロー | 160 |
| **財務活動によるキャッシュフロー** | |
| 短期借入れによる収入 | 21 |
| 短期借入金の返済による支出 | △150 |
| 配当金の支払額 | △100 |
| 財務活動によるキャッシュフロー | △229 |
| 現金及び現金同等物の増加額・減少額（△） | 530 |
| 現金及び現金同等物の期首残高 | 1,270 |
| 現金及び現金同等物の期末残高 | 1,800 |

▶P112

▶P114

▶P116

▶ P111,
121

具体的な
お金の出入りが
わかります

# 数字だからこそ
# 読みやすい、比べやすい

数字がズラリと並んだ決算書は難しそうに見えますが、
じつは誰にとっても"わかりやすいもの"です。

「報告書」といわれても、数字ばかり並んでいて、
やっぱり意味がわかりません。報告なら、言葉で
説明してほしいですよ〜

決算書を数字で示すのは、世界共通です。なぜな
ら、いちばんわかりやすいから！ 次のAさんと
Bさん、成績がわかりやすいのはどっち？

Aさん「国語は前よりマシ。数学は人並みかな。
　　　まあまあの成績だよ」

Bさん「国語：88点（前回60点）、数学：74点、
　　　総合学年順位：185 ／ 360人」

断然B！ 数字だからこそ、過去の成績や他
の人の成績と比べやすいんですね〜

## ■決算書は、共通の会計ルールでまとめられる

　決算書を入手しても、会社ごとにまとめ方がバラバラだったら、読む人はた
いへん。過去の業績や他社の業績と見比べるのにも、困ってしまいます。そこで、
すべての会社は、「複式簿記」という、共通の会計ルールにのっとって決算書
をつくっています。客観的な「数字」で表示されているので、誰にでもわかり
やすく、比べるのもラク。世界中の会社の決算書を読むこともできるのです。

# 決算書は、読み方がわかればOK

決算書をつくるためには会計の専門知識が必要でしょう。しかし、多くのビジネスパーソンに必要といわれるのは決算書を読む力です。

商品の売り買い

お金の貸し借り

経費の支払い

株や不動産の売買

会社が行うさまざまな経済活動

会計ルールで記録・整理してまとめる

つくるのは、専門知識がないと難しい

会計ルールに基づいて、いろいろな経済活動を数字（金額）で記録し、決算書を作成する。経理部門や会計事務所などが行う。

完成した決算書

決算書

基本的な読み方は、数時間の勉強でかなりわかる！

One Point!

## 決算書だけではわからないこともある

決算書の3つの書類に表示されるのは、会社の活動のうち、お金に換算できるものだけ。経営方針や商品のラインナップ、業界内の立ち位置、経営者の人となり、従業員の質などは、これだけではわかりません。

決算書はとても役立つツールですが、万能ではないのです。学校の成績表だけで、人を見極めるのが難しいのと同じですね。

## 決算書ってなあに？③
# 会社との付き合い方を
# 見極めるカギ

決算書が読めるようになると、
これから先のことも深く考えられるようになります。

> 決算書が読めなくてもふつうに仕事してこられた
> けど、読める必要って本当にあるのかな？

> 必要ありますよ！ たとえば、結婚相手がじつは、
> 「収入が不安定」「借金だらけ」「金遣いが荒い」
> とかだったら、困りませんか？

> 超困ります!! いくら好きでも生活を共にする相
> 手ですから、年収や貯金額、あと金銭感覚も共有
> しておかないと不安です

> 共有できれば、結婚するかしないか、将来設計を
> どうするか、一緒に考えて準備できるよね。会社
> との付き合いも同じなんですね〜

### ■先のことを考える大事な判断材料・羅針盤

　決算書を読むと、その会社がもうかっているのか、倒産の心配はないのかと
いったことがわかります。もし、取引先の業績が下降気味なら、その会社との
取引額を減らそうと思うかもしれません。逆に、業績が好調なら、取引額を増
やすことを検討するでしょう。これから先、**その会社とどのように付き合って
いくのか**。それを考えるうえで、**決算書は大事な判断材料**となるのです。

# これからを考えながら決算書を見る

会社の経営状態によって損をしたり、得をしたりする「利害関係者」。
それぞれの立場で決算書を読み解き、今後の付き合い方を考えます。

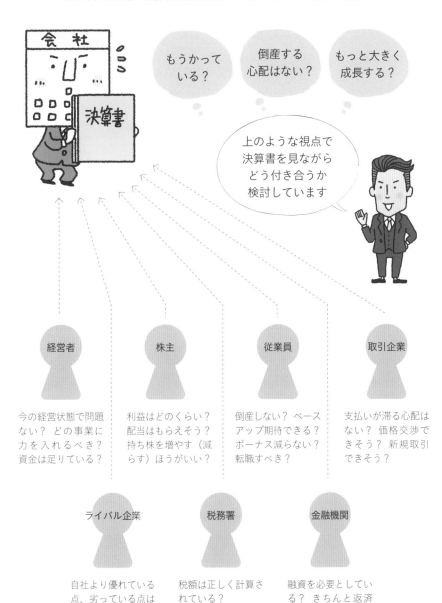

もうかって
いる？

倒産する
心配はない？

もっと大きく
成長する？

上のような視点で
決算書を見ながら
どう付き合うか
検討しています

**経営者**

今の経営状態で問題
ない？ どの事業に
力を入れるべき？
資金は足りている？

**株主**

利益はどのくらい？
配当はもらえそう？
持ち株を増やす（減
らす）ほうがいい？

**従業員**

倒産しない？ ベース
アップ期待できる？
ボーナス減らない？
転職すべき？

**取引企業**

支払いが滞る心配は
ない？ 価格交渉で
きそう？ 新規取引
できそう？

**ライバル企業**

自社より優れている
点、劣っている点は
どこ？

**税務署**

税額は正しく計算さ
れている？

**金融機関**

融資を必要としてい
る？ きちんと返済
してくれそう？

# すべての会社で
# 年に1回以上つくる

会社は、法律によって
決算書の作成が義務付けられています。

すべての会社は、最低でも年に1回以上は決算書を作成することが決められています。ここでは、上場企業の決算スケジュールを見てみましょう

## 決算のスケジュール (3月決算の上場企業の一例)

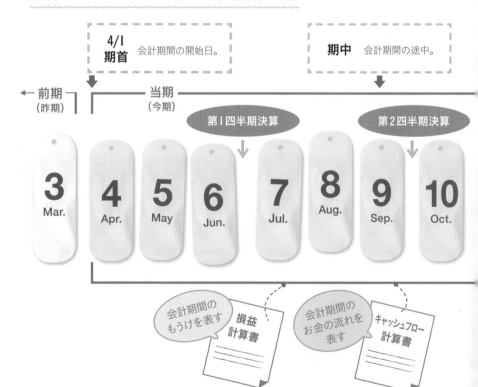

4/1
**期首** 会計期間の開始日。

**期中** 会計期間の途中。

← 前期 —
（昨期）

当期
（今期）

第1四半期決算

第2四半期決算

| 3 | 4 | 5 | 6 | 7 | 8 | 9 | 10 |
|---|---|---|---|---|---|---|---|
| Mar. | Apr. | May | Jun. | Jul. | Aug. | Sep. | Oct. |

会計期間の
もうけを表す → 損益計算書

会計期間の
お金の流れを
表す → キャッシュフロー計算書

## ■決算をむかえたら、決算書の作成・報告へ

　会社の経済活動は常に続いていますが、決算書をつくるには、一定期間で区切らなければなりません。これを「会計期間」といい、原則1年以内と定められています。日本の会社の多くは、4月1日〜翌年3月31日までを会計期間とする「3月決算」で、決算書を作成しています。

　上場企業は、経営状況をスピーディに投資家に伝えるために、3ヵ月ごとの「四半期決算」を行うのがルール。年4回の報告書の作成・公開が義務付けられています。

( KEY WORD )

### 株主総会

　株主総会では、会社の決算などについて報告、承認、配当の決定などが行われる。3月決算の会社が多い日本では、6月が株主総会のシーズンとなる。

**3/31 期末＝決算日**　会計期間の終了日。決算の月を決算月、最終日を決算日という。

次期（来期）

第3四半期決算

11 Nov.　12 Dec.　1 Jan.　2 Feb.　3 Mar.　4 Apr.　5 May　6 Jun.

期中の記録を集計・整理して決算書を作成。確定申告を行う。税務上の申告書の提出期限は、決算日から原則2ヵ月以内。決算日から3ヵ月以内に株主総会を開く義務がある。

3つの書類を合わせ見ると1年間の経営状態がわかるんですね！

期末日時点での財産を表す

貸借対照表

# 上場企業の決算書は 誰でも見られる

日本で株式を公開している上場企業は、約3,800社。
これらの会社の決算書は誰でも簡単に見られます。

> 前に勤めていた会社の決算書って見たことなかった
> なぁ。どこかで見られるんですか？

> 非上場企業の決算書は、限定的にしか公開されず、
> 関係者以外はなかなか見られません。
> でも、上場している会社の決算書なら、誰でも簡
> 単に入手できますよ！

## ■インターネットや書店で手に入る

　上場企業の決算書は、自社のホームページ、「EDINET」や「TDnet」などのサイトで見ることができます。証券取引所では閲覧・コピーも可能。また、書店で『会社四季報』や『有価証券報告書総覧』を入手する方法もあります。

　非上場企業の決算書は、自社ホームページに掲載されていなければ、株主などの関係者以外なかなか見られません。東京商工リサーチや帝国データバンクなどの調査機関から、データを購入できることもあります。

## ■上場と非上場で作成ルールが違う

　上場企業と非上場企業では、決算書のつくり方も違います。多くの利害関係者を持つ上場企業は、金融商品取引法で規定された厳格な会計ルールで決算書をつくり、必ず公認会計士のチェック（会計監査）を受けます。一方、非上場企業の決算書は税法に合わせてつくるのが一般的で、監査も義務ではありません。決算書が経営実態を反映していないこともあり得るので注意が必要です。

あれ……？ 有価証券報告書って書いてあるけど
これは決算書？ 決算短信や計算書類は何なの？

決算書は、根拠となる法令や開示のタイミングに
よって、下のように呼び方が変わります。
でも、どれも決算書のことですよ

# 名前はまちまち。でもみんな決算書！

「決算書」というのは通称で、正式名称は法律によって違います。
金融商品取引法では「財務諸表」、会社法は「計算書類」といいます。

## 上場企業のみ

決算書の正式名称＝**財務諸表**

投資家（株主）への情報公開
を目的として、厳格な会計ルー
ルや公認会計士の監査のも
と作成（下のような形で開示）。

## すべての会社

決算書の正式名称＝**計算書類**

株主や債権者の保護を目的と
して作成。非上場の会社は大
会社※以外、公認会計士の監
査を受ける義務はない。

### 決算短信

決算から30〜45日以内に開示される速
報的な決算情報。各社統一のフォーマット
で要点を押さえやすい。四半期ごとの決算
も公開。

ここでチェック！ ✔
「適時開示情報閲覧サービス
（TDnet）」
https://www.release.tdnet.info

### 有価証券報告書

毎年1回の決算期ごとに作成される、企業
情報がまとめられた書類。会社の歴史や役
員名なども記載され、決算から3ヵ月後頃
に公開。公認会計士の監査を受けた財務諸
表が含まれる。

有価証券
報告書
▶P128

ここでチェック！ ✔
「EDINET」
https://disclosure.edinet-fsa.go.jp

※大会社……会社法では、資本金5億円以上、もしくは負債額200億円以上の会社を大会社と定めている。

# 比べることではじめてわかる

これだけは知っておきたい

# 分析の第一歩は 比較することから

決算書の分析なんて難しそう？
いいえ、「数値を比べる」ことなので誰でもできます。

決算書も、犬のサイズ比べと同じです。
次の問題を見てみましょう

**問題** 下の❶〜❸、当てはまるのはどっち？

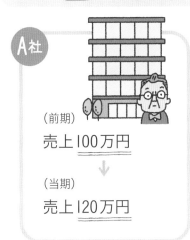

**A社**

（前期）
売上100万円
↓
（当期）
売上120万円

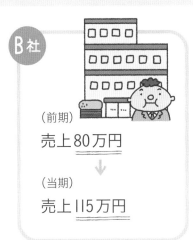

**B社**

（前期）
売上80万円
↓
（当期）
売上115万円

＊理解しやすいように金額は小さくしています。

❶ A社は前期よりも ……………………… ▶ **好調 or 不調**

❷ 当期の売上は、A社がB社よりも ……… ▶ **多い or 少ない**

❸ 売上の増加額が多いのは ……………… ▶ **A社 or B社**

答えは次のページへ！

# 比べることで立ち位置がわかる

売上の数字１つだけを見ても、A社の経営状態がよいかどうかはわかりません。でも、前期やB社と比べると、"B社ほどではないがA社は伸びている" とわかります。現在の立ち位置が見えてくるのです。

① A社は前期よりも …………▶ 好調 or 不調

A社（前期）
売上100万円
<
A社（当期）
売上120万円

答え 「好調」
A社の売上は前期よりも20万円
増加していますね！

② 当期の売上は、A社がB社よりも …………▶ 多い or 少ない

A社（当期）
売上120万円
>
B社（当期）
売上115万円

答え 「多い」
A社はB社よりも5万円多く
売り上げているよ

③ 売上の増加額が多いのは …………▶ A社 or B社

A社 売上の増加20万円

（当期120万円−前期100万円＝20万円）
<
B社 売上の増加35万円

（当期115万円−前期80万円＝35万円）

答え 「B社」
前期からの売上の増加額はB社
のほうがA社より多いですね

このように、いろいろな比べ方をしてみるのが
分析の基本。ポイントをまとめておきましょう

## 比べるときのポイント

比べるときのポイントは、大きく3つあります。決算書を"学校の成績表"と考えるとわかりやすいでしょう。

### ① 期間で比べる

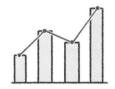

前年の成績と比べるのと同じ。決算書の数値が前年と比べて増えたのか、減ったのかを見る。3～5年間の数値を比べると、上昇傾向か、下降傾向か、不安定な状態かなど、中長期の傾向（トレンド）も把握できる。

### ② ライバルと比べる

クラスのライバルと成績を比べるのと同じ。同業種、同規模など、ものさしを決めて比べることが大事。相手よりも、業績はよいのか悪いのか、同じくらいかを見る。数値が大きく違うなら、その理由も考えよう。

### ③ 標準と比べる

テストの平均点と比べるのと同じ。業種別や資本金別のデータベース※と比べることで、業界内での会社の立ち位置がわかる。
また、健全な経営状態の指標となる「理論値（目標値）」と比べることもできる。

比較方法は「数値そのもの」と「比率」の2タイプあります。

● 数値を比べる

売上や総資産額など、決算書の数値をそのまま比べる。パッと見てわかりやすいが、規模が違う会社との比較は難しい。

● 比率を比べる

売上に対するもうけの割合など、さまざまな比率を計算して比べる。規模の違う会社とも比較することができる。

比率分析
PART5へ

※「法人企業統計年報（財務省）」、「産業別データハンドブック（日本政策投資銀行）」「中小企業実態基本調査（中小企業庁）」などがある。

COLUMN
1

会計のルールは1つじゃない!

# 会計基準ってどんなもの?

日本企業では主に3つの会計基準が適用されています。
日本会計基準を採用する会社が多いですが、
国際会計基準(IFRS)に移行する企業も増えています

詳しくは
▶P104

## 日本会計基準

日本独自の会計基準。1949年に公表された「企業会計原則」をもとに、社会の変化に合わせて改正されている。多くの日本企業がこれを採用。

**適用企業**

日産自動車／シャープ／資生堂／セブン＆アイ HD ／明治 HD ／山崎製パン／日本郵政／第 一 生 命 HD ／ ANAHD など

## 米国会計基準

アメリカで採用されている会計基準。アメリカで上場している日本企業では米国会計基準が採用されている。

**適用企業**

富士フイルム／オムロン／村田製作所／キヤノン／オリックス／野村 HD ／ワコール HD ／小松製作所　など

## 国際会計基準(IFRS)

国際会計基準審議会が作成した会計基準。EU圏から普及し、世界 100 ヵ国以上で使われている。日本でも 2010 年から任意適用が認められている。

**適用企業**

三菱商事／本田技研工業／日立製作所／花王／武田薬品工業／サントリー HD ／すかいらーく HD ／　など

他社と比較分析するときは
各社が適用している
会計基準を確認するワン

決算短信のタイトル部分「□年□月決算短信〔○○基準〕」や、有価証券報告書の「第 5【経理の状況】」に、会計基準の記載があるワン!

## PART 2

会社のもうけを解き明かす

# 損益計算書

会社の稼ぎやもうけは
どのくらい？

PART2では、1年間の
会社のもうけを表す
「損益計算書」を読む
ための基礎知識を
お伝えします

# 家計のムダはどこにある？

# もうけのからくりが見えてくる

会社が稼いだお金と、稼ぐために使ったお金、
そして、もうけや損を表したのが損益計算書です。

「損益計算書」は、会社がいくらもうかった（損した）かを計算した報告書です。
では、もうけはどうやって計算するのでしょう？
ヒントは"お小遣い帳"です

お小遣い帳は、小遣い額から使った分を引いて、残金を書きますよね。……ということは、「稼いだお金ー使ったお金＝もうけ」？

大正解！ 会計用語で表すと、下の式になります。
この「収益」「費用」「利益」の３つをまとめたものが損益計算書になります

## 【もうけの計算式】

| 稼いだお金 | | 使ったお金 | | もうけ（損） |
|---|---|---|---|---|
| **収益** | − | **費用** | = | **利益（損失）** |
| 商品の販売やサービスの提供で得た売上や、会社が資産運用などの活動で得たお金。もうけ（利益）のもとになる。 | | 収益を得るためにかかった出費。商品の仕入れ代金や、人件費、交通費、水道光熱費、家賃などさまざま。 | | 収益から費用を差し引いた残りが利益。マイナスのときは「損失」。プラスを黒字、マイナスを赤字ともいう。 |

ただ、単純に「総収益－総費用＝利益（損失）」だけでは、どんな活動でいくらのもうけや損が出たのかがわかりません。そこで、**損益計算書**は、**利益を段階的に示しています**

利益を段階的に示すと何がいいのかな？

どんな活動でもうけたり損したりしたのか、活動状況を正確につかむことができます。問題点や改善点も見えてくるのです

## どこでもうけて、どこで損しているの？

会社は本業以外に、資産運用などでも稼いでいます。損益計算書を見ると、会社のもうけや損の中身がわかります。

| 収益 100万円 | － | 費用 40万円 | ＝ | 利益 60万円 |
|---|---|---|---|---|
| じつはこうだったら | | じつはこうだったら | | 利益の中身は… |
| ・売上 95万円 | － | ・原価や人件費 20万円 | ＝ | ・本来の活動で 75万円 |
| ・株を売った利益 5万円 | － | ・株を売った損 20万円 | ＝ | ・株の売買で -15万円 |

株での損がなければ利益はもっと多かったですね！

その通り！次ページでもっと詳しく説明します

# ■「3つの収益、5つの費用、5つの利益」から、"稼ぐ力"を見る

損益計算書（そんえきけいさんしょ）は一定の期間でどのくらいもうけたかを表したもので、「P／L」とも呼ばれます。経済活動で会社に入ってきた「収益」から、それを得るためにかかった「費用」を差し引いて、「利益」を算出します。**収益は3つ、費用は5つ、利益は5つに分けて計上されます。**それぞれの利益の違いから、その会社がどのようにもうけているのか、稼ぐ力の特徴が見えてきます。

## 利益のしくみをイメージ！

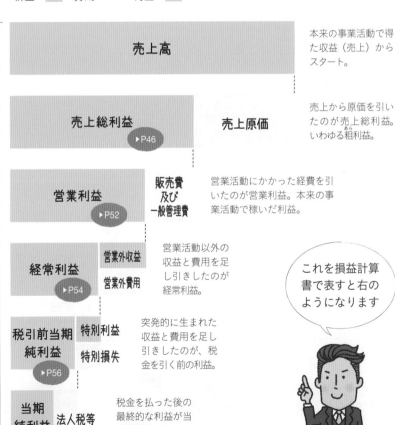

収益…　費用…　利益…

| 上から下に向かって、利益が計算されていきます | | |
|---|---|---|

売上高 — 本来の事業活動で得た収益（売上）からスタート。

売上総利益 ▶P46 ／ 売上原価 — 売上から原価を引いたのが売上総利益。いわゆる粗利益（あら）。

営業利益 ▶P52 ／ 販売費及び一般管理費 — 営業活動にかかった経費を引いたのが営業利益。本来の事業活動で稼いだ利益。

経常利益 ▶P54 ／ 営業外収益・営業外費用 — 営業活動以外の収益と費用を足し引きしたのが経常利益。

税引前当期純利益 ▶P56 ／ 特別利益・特別損失 — 突発的に生まれた収益と費用を足し引きしたのが、税金を引く前の利益。

当期純利益 ▶P58 ／ 法人税等 — 税金を払った後の最終的な利益が当期純利益。

これを損益計算書で表すと右のようになります

## 損益計算書 P/L

（自 ○年○月○日　至 ○年○月○日）

（単位；百万円）

| 科目 | 金額 |
| --- | --- |
| **売上高** | 8,000 |
| **売上原価** | |
| 期首商品棚卸高 | 450 |
| 当期商品仕入高 | 3,400 |
| 合計 | 3,850 |
| 期末商品棚卸高 | 350 |
| 商品売上原価 | 3,500 |
| **売上総利益** | 4,500 |
| **販売費及び一般管理費** | |
| 給与手当 | 1,000 |
| 地代家賃 | 300 |
| 減価償却費 | 100 |
| その他 | 2,600 |
| 販売費及び一般管理費合計 | 4,000 |
| **営業利益** | 500 |
| **営業外収益** | |
| 受取利息 | 3 |
| その他 | 1 |
| 営業外収益合計 | 4 |
| **営業外費用** | |
| 支払利息 | 5 |
| その他 | 1 |
| 営業外費用合計 | 6 |
| **経常利益** | 498 |
| **特別利益** | |
| 固定資産売却益 | 54 |
| その他 | 2 |
| 特別利益合計 | 56 |
| **特別損失** | |
| 貸倒損失 | 50 |
| その他 | 4 |
| 特別損失合計 | 54 |
| **税引前当期純利益** | 500 |
| 法人税等 | 150 |
| **当期純利益** | 350 |

本業でのもうけ（損）

本業以外をふくめたもうけ（損）

一時的要因をふくめたもうけ（損）

最終的なもうけ（損）

下のような区分でP42から見ていきましょう

039

# お金の増減がない
# 「収益」や「費用」もある

毎日、たくさんの商品を売っていても、
会社には「まだお金が入ってきていない」ことがあります。

お小遣い帳なら、その内容と財布の中身はぴったり合っているはず。でも、ビジネスの現場ではそうとは限りません。次の問題を見てみましょう

## 問題 売上が計上されるのはいつ？

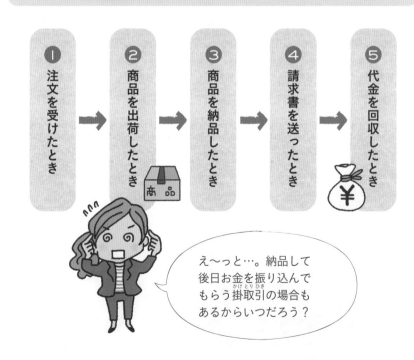

① 注文を受けたとき

② 商品を出荷したとき

③ 商品を納品したとき

④ 請求書を送ったとき

⑤ 代金を回収したとき

え〜っと…。納品して後日お金を振り込んでもらう掛取引（かけとりひき）の場合もあるからいつだろう？

答え ❷ ❸
商品を渡すタイミングの
❷か❸が正解。入金は、
関係ありません

● 出荷基準……商品などを出荷したときに、売上に計上する。

● 納品基準……商品などを引き渡したときに、売上に計上する。

● 検収基準……相手が商品の内容を確認したときに、売上に計上する。

売上に計上するタイミングは、左の3つのいずれかに社内で統一して行われるのが一般的。

## ■収益は「実現主義」、費用は「発生主義」

　会社の経済活動では、手形など現金以外の取引や掛取引も多いもの。入金を待っていると、会計期間のもうけや損を正確に記録することができません。そこで、収益は「実現主義※」で計上するのがルール。受注時ではキャンセルなどもありうるので、納品など、代金の回収が確実になった時点で計上します。一方、費用は、取引の発生時点で計上する「発生主義」がルールとなっています。

## 収益と収入は同じじゃない

 商品などが動いて計上されるとき

 現金の回収や支払いがされるとき

|  | 商品などが動いて計上されるとき | 現金の回収や支払いがされるとき |
|---|---|---|
| 売った場合 | 収益 | 収入 |
| 買った場合 | 費用 | 支出 |

損益計算書の
数字はこっち

入金や支払いの前に計上される収益や費用は、実際のお金の増減とズレが生じる。

※大会社や上場会社では、2021年4月1日以後開始する事業年度から「収益認識に関する会計基準」が適用されています。そのため特定の取引において、売上計上のタイミングや金額が、実現主義と異なる場合があります。

このへんを見よう

P/L ▶ P39

## 売上高

# 1年で合計いくら
# 売り上げた?

損益計算書のいちばん上に書かれるのが、「売上高」。"本業"で得た収益の合計です

売上高はよく聞く言葉ですね!
でも、"本業"ってどういうことですか?

その会社の事業目的のことです。たとえば、ペット用品を輸入販売する会社なら、輸入販売が本業。ペット用品の販売額が売上高になります

## 輸入販売の会社が、家賃をもらったら……

## ✕ 売上高

輸入販売を事業目的とする会社が、ビルの1階を貸して家賃収入を得た場合、それは本業以外による収益。「売上高」ではなく、「営業外収益(P54)」となります。

## ■売上高は、会社に対する評価のあらわれ

　売上高とは、会社が本業で稼いだ金額のこと。売上高が伸びたなら、その会社の商品やサービスに魅力を感じて買ってくれる人が増えたということです。逆に、売上高が下がっていれば、魅力を感じる人が減ってしまったということに。**お客さまからの評価が見えるという点で、売上高は大切な項目なのです。**

考えよう！

### 売上高が増減した理由は？

売上高が増えると「増収」、減ると「減収」といいます。増減の理由を考えてみましょう

売上高 ↗ …増収

売上高 ↘ …減収

### 【計算式】

### 売上高 ＝ (販売した) 価格 × 数量

増収なら …… 値上げした？　たくさん売れた？

減収なら …… 値下げした？　あまり売れなかった？

いくらのものを、いくつ販売したか、その合計額が売上高。増収なら、①値上げした、②数量が増えた、のどちらか（または両方）が理由と考えられる。

なるほど〜。それで、「売上高の大きい会社ほどもうかっている」「増収ならもうけが増えた」ってことですね!?

じつは、そうとは限りません。売上高は、のちほど説明する利益（P46、52、54、56、58）とセットで確認することが大切です

売上高と利益
▶P60

このへんを見よう

# 売上原価

# 仕入れや製造に いくらかかった？

P/L ▶P39

フライドポテトの原価って、10〜20円程度らしいですよ！ これって仕入れにかかったお金のことですよね？ ずいぶんもうかりそう！

そうですね〜。商品の仕入れや製品をつくるのにかかるお金が「売上原価」です。売上原価を抑えることは、会社の利益を増やす方法の1つですね

## ■商品の仕入れや製造にかかったお金

損益計算書で最初に登場する費用（いわゆるコスト）が「売上原価」です。売上高を得るために直接かかったお金のことで、小売業や卸売業なら、商品の仕入れ代金や運搬費が計上されます。製造業なら、製品の原材料費や運搬費のほか、工場で働く人の給料、工場の水道光熱費なども、売上原価に含まれます。売上に比例して増減するものが多くあります。業種によって、その内容は違うことを覚えておきましょう。

## ■売れた分の原価だけを計上する

売上原価は、「その会計期間中に売れた分の原価だけを計上する」のがルール。仕入れた商品やつくった製品のすべての原価を計上することはできません。会計期間中の利益を正確に把握するため、売った分に対応した原価を求めるのです。これは「費用収益対応の原則」という、大切な会計ルールです。

会計期間中にどのくらい売れたかは、右ページの式で計算します。売れ残りの在庫を確認する作業が「棚卸し」で、期末には必ず行われ、「棚卸資産」として、貸借対照表に計上されます。

棚卸資産
▶P78

# 在庫によって売上原価は変わる

売上原価を計算するには、棚卸しによる在庫の確認が不可欠。在庫を確認して当期に売れた分を確定したら、売上原価が算出できます。

## 【売上原価の計算式】

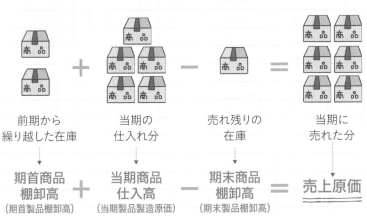

| 前期から繰り越した在庫 | | 当期の仕入れ分 | | 売れ残りの在庫 | | 当期に売れた分 |
|---|---|---|---|---|---|---|
| ↓ | | ↓ | | ↓ | | ↓ |
| 期首商品棚卸高<br>(期首製品棚卸高) | + | 当期商品仕入高<br>(当期製品製造原価) | − | 期末商品棚卸高<br>(期末製品棚卸高) | = | 売上原価 |

上の計算式の通り、「売れ残りの在庫」が少ないほど、「当期に売れた分」は多くなります。そして、売上高もそれにかかった売上原価も多くなるというわけです

売れ残りの在庫が少ない
…売上高 ↗、売上原価 ↗

売れ残りの在庫が多い
…売上高 ↘、売上原価 ↘

KEY WORD

## 棚卸し

期末などに在庫の種類や数量を数えたり、価値を調べたりすること。売上数を確定することで、売上原価や利益を正確に算出できます。また、紛失や劣化などで、実際に販売できる在庫数が、書類上より少ないことも。資産評価においても大切な作業です。

# 原価に付加された "魅力"はいくら?

P/L ▶ P39

このへんを見よう

売上高から売上原価を引いたものが、「売上総利益」。ざっくりとした利益なので、「粗利」とも呼ばれます

## 【計算式】

$$\underset{（粗利）}{売上総利益^{※}} = \underset{（→P42）}{売上高} - \underset{（→P44）}{売上原価}$$

※マイナスのときは「売上総損失」となる。

前期よりも売上総利益が増えた場合、どんな理由があると思いますか?

え〜っと……。計算式を考えると、①売上高が増えたり、②売上原価が減ったりしたから、売上総利益が増えたのかな……?

大正解! 売上総利益の増減が気になったときは、売上高や売上原価がどう変わっているかを確認することが大切です。

売上総利益↗……売上高↗and/or売上原価↘
売上総利益↘……売上高↘and/or売上原価↗

考えよう！

## 売上総利益が増減した理由は？

売上総利益が増えたり減ったりした理由、売上高や売上原価が変化した理由を考えてみましょう。

**売上原価**
仕入れルートや価格が変わった？

**売上高**
ライバルが増えた？

**売上高**
販売価格や数量が変わった？

**売上高**
新製品が登場した？

### ■商品の魅力があらわれる

　売上高から売上原価を差し引いた「売上総利益」は、原価に上乗せした会社の取り分ともいえます。上乗せ分、つまり付加価値が大きいほど、費用を差し引いた最終的な利益も増えますが、その分、販売価格も高額に。お客さまが「高くてもほしい」と思うものでなければ売れません。

　上乗せ分の割合、つまり**売上総利益の割合が高い会社は、商品やサービスの高い価値が認められている**ともいえるのです。

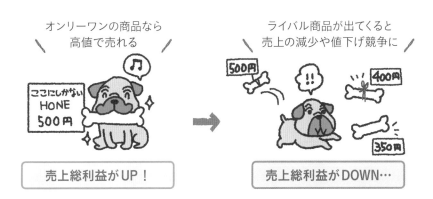

オンリーワンの商品なら
高値で売れる

ライバル商品が出てくると
売上の減少や値下げ競争に

ここにしかない
HONE
500円

500円　400円　350円

売上総利益がUP！

売上総利益がDOWN…

このへんを見よう

P/L ▶ P39

販売費及び一般管理費

# 売上獲得に必要な いわゆる "経費"

次は、「販売費及び一般管理費」を見ていきましょう。販管費とも呼ばれる、いわゆる経費です

経費ならわかります！ 職場では「コスト（経費）削減！」って耳にタコですから……

ふふふ。コストは少ないほどいいと思いがちですが、収益を出すために必要なものです

## ■どこにお金をかける？ 会社の考えが見えてくる

「販売費及び一般管理費」は、**商品やサービスを売るためにかかった間接的な費用**を指します。給料や広告宣伝費、家賃、消耗品費、旅費交通費、研究開発費など、商売にかかった費用のほとんどはここに入るので、売上原価と並んで大きな割合を占めます。売上原価との違いは、売上高に連動しないものが多いこと。たとえば、売上高が下がったからといって、すぐに給料を下げるわけにもいきませんし、家賃も下がりません。業績にかかわらず支払うものですから、その割合はできれば低く抑えておきたいものです。

とはいえ、やみくもに販管費を抑えたらどうなるでしょうか。給料が下がれば、従業員のやる気も質も下がるでしょう。広告宣伝費がなければ、商品やサービスの魅力がお客さまに伝わりません。研究開発費が削られたら、新たな製品は生まれにくくなります。販管費のどこにお金をかけているかで、**会社の考えや将来性が見えてきますね**。

# どんな経費があるか知っておこう

販管費は、その内訳が損益計算書に添付されることも。大まかなグループに分けて、まとまりごとに見ていくと、理解しやすいです。

| 販売費及び一般管理費の例 | | グループ分けの例 |
|---|---|---|
| 給料手当 | 従業員に支払う給料や各種手当などの合計額。 | 人件費 |
| 賞与 | 従業員に支払う賞与の合計額。 | |
| 退職金 | 従業員に支払う退職金の合計額。 | |
| 法定福利費 | 各種社会保険の保険料（会社負担分）。 | |
| 販売促進費 | 展示会やサンプル品の配布などにかかる費用。 | 販売経費 |
| 販売手数料 | 代理店等に対して販売に応じて支払う手数料。 | |
| 広告宣伝費 | 雑誌・新聞の広告、テレビCMなどの費用。 | |
| 荷造運賃 | 商品や製品の梱包、配送にかかる費用。 | |
| 接待交際費 | 取引先を接待したときの飲食代など。 | |
| 旅費交通費 | 業務に必要な交通費や出張の旅費など。 | |
| 消耗品費 | 事務用品や日用品、少額の備品の代金。 | 事務にかかわる経費 |
| 通信費 | 電話代や切手代、各種通信回線利用料など。 | |
| 水道光熱費 | 売上原価に含まれない水道光熱費。 | |
| 支払手数料 | 金融機関の振込手数料など。 | |
| 地代家賃 | 店舗や事務所の家賃や月極駐車場の料金など。 | 施設・設備にかかわる経費 |
| 修繕費 | 建物や機械などの修理・点検にかかる費用。 | |
| 減価償却費 | 固定資産の価値の減少分を費用化したもの。 | |
| 研究開発費 | 新しい製品などの研究開発にかかわる費用。 | 研究開発にかかわる経費 |
| 租税公課 | 固定資産税、自動車税、法人事業税など。 | その他の経費 |
| 雑費 | どの科目にも当てはまらない費用。 | |

# 長く使う固定資産は年を分けて費用にする

車や機械、建物などの高額な資産を買った年は大赤字？
いいえ、それを防ぐためのルールがあります。

販管費（はんかんひ）にある「減価償却費（げんかしょうきゃくひ）」（P49）というのが、よくわかりません

車や建物など、高価で長く使う「固定資産（こていしさん）」（P80）の購入時に支払った額は、何年かに分けて減価償却費として経費にしていく決まりがあります

## 減価償却のしくみ

車という資産を少しずつ減価償却費として費用化していく様子を見てみましょう。理解しやすくするため、交通費と比べてみます。

新幹線の切符を購入

乗ったら経済価値がなくなる ＝ 費用

購入時の支払額を、定められた期間（耐用年数（たいようねんすう））に振り分けて、徐々に費用化していく。

営業用の車を購入

乗っても経済価値がなくならない（数年にわたって使用可能）＝ 資産

購入金額と同じ価値がある。

1年　2年　3年　……

＝ 減価償却費

時とともに会計上の資産価値が下がる。

## ■長期間使うものは、数年かけて費用にする

　建物や機械、車なども、会社が稼ぐために取得した固定資産なので、その代金は費用となります。しかし、購入時に全額を販管費（P48）として計上するわけではありません。というのは、長期間使うものだからです。

　たとえば、営業車なら数年間は走り回って注文を受け、売上に貢献するでしょう。車を取得した年に全額を費用として計上すると、売上と費用が対応しなくなってしまいます。そこで、**数年かけて少しずつ費用にするというのがルール**。資産が使用できる期間にわたって費用化するための項目が、「減価償却費」なのです。

## 減価償却費の計算方法

減価償却費の出し方には「定額法」と「定率法」があります。定額法は毎年、一定額を計上するもので、取得価額※と耐用年数から算出します。定率法は、計上する額が年々減少する計算方法です。

【「定額法」の計算式】

$$1年間の減価償却費 = \frac{取得価額}{耐用年数}$$

KEY WORD

### 耐用年数

固定資産ごとに、何年間使用に耐えられるか設定した年数。法人税法で定められた法定耐用年数のほか、企業が独自に定めていることもある。

例　事務所用建物（鉄筋鉄骨）の場合

$$\frac{取得価額 5,000万円}{耐用年数 50年} = \text{1年間の減価償却費 100万円}$$

購入から50年は、毎年の決算時に100万円ずつ「減価償却費」という費用を計上する。

≪主な償却資産と耐用年数≫

- ● 事務所用建物
  （鉄筋鉄骨）…………………50年
- ● 事務机、キャビネット
  （金属製）…………………… 15年
- ● 冷暖房機器……………………6年
- ● コピー機 ……………………5年
- ● 軽自動車 ……………………4年
- ● 看板、ネオン ………………3年

※取得価額…物や土地などの購入時にかかった額。

# 本業の商売でいくらもうけた？

このへんを見よう

P/L▶P39

売上総利益から販管費を差し引くと、2つ目の利益である「営業利益」がわかります

【計算式】

営業利益※＝売上総利益－販売費及び一般管理費
（→P46）　　　　　　　　（→P48）

※マイナスのときは「営業損失」となる。

売上総利益との違いは、どう理解すればいいですか？

営業利益では、本業でうまく商売ができているかを見ることができます

## ■本業で利益が出ているかを確認する

　売上総利益から、売るためのコスト（販管費）を差し引いたのが「営業利益」です。どんなに魅力的な商品やサービスでも、販管費をかけすぎたら商売はうまくいきません。**営業利益がプラスなら、商売がうまくいっていると考えてよい**でしょう。営業利益が順調に増えていれば、将来性も期待大。逆に営業利益が減っているなら、販管費をかけすぎていないか、チェックしてみてください。

売上総利益では商品・サービスの魅力を、営業利益では商売がうまくいっているかを見るんですね！

**問題 商売がいちばん上手なのは？**

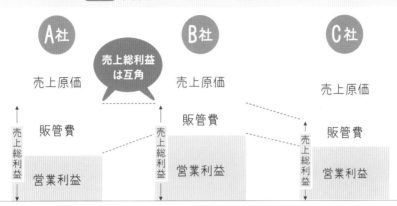

売上総利益はB社と同じだが、販管費が多いため、営業利益は少なめ。

売上総利益はA社と同じだが、販管費を抑えたため、A社よりも営業利益が多い。

売上総利益は少ないが、販管費を十分抑えたため、A社より多い営業利益を確保。

答え
B社

*Point !*

本業で、十分な利益を確保できているかを見ます。売上総利益はA社とB社が多いが、B社のほうはコスト管理がうまく、営業利益を多く確保できています。C社は、売上総利益は少ないが、コスト管理がうまいので、売上原価を下げて利益アップを狙いたいところです。

*考えよう！*

**営業利益が減ったときは、販管費に注目！**

前期と比べて売上総利益は変わらないのに営業利益が減少した場合は、販管費をかけたのにそれに見合った利益が出なかったと考えられます。販管費に注目を。

✓Check!
□ 従業員を増やした？
□ 過剰な広告宣伝を行った？
□ 店舗を増やした？ など

このへんを見よう

P/L▶P39

## 経常利益
# 経営全体で いくらもうけた？

会社は、資金の調達や資産運用など、本業以外の経済活動も行っています。**営業利益**に、こうした**本業外の収益と費用**を足し引きしたものを「**経常利益**」といいます

| ふだんの経営全体でのもうけ | 本業でのもうけ | 【計算式】 | 本業外の損益 |

## 【計算式】

$$経常利益^{※1} = 営業利益 + 営業外収益 - 営業外費用^{※2}$$
(→P52)

※1　マイナスのときは「経常損失」となります。
※2　営業外収益と営業外費用を合わせて「営業外損益」ともいいます。

## 営業外損益はこんなもの

### 営業外収益

本業以外の経済活動で得た収益のこと。下記のほか、「受取家賃」や為替レートの変動で生じる「為替利益」などもある。

● 受取利息……預金や貸付金の利息で受け取ったお金。

● 受取配当金…株式を所有していることで得た配当金。

● 有価証券売却益……値上がりした株を売却したときの利益。

### 営業外費用

本業以外の経済活動でかかった費用のこと。営業外収益を得るためにかかった費用ではない。下記以外に「為替差損」などもある。

支払利息………借入金の利息として支払ったお金。

手形売却損……手形を期日前に換金したときの割引料。

有価証券売却損……値下がりした株を売却したときの損。

054

## ■経常利益は、例年似た構造になりやすい

　本業のもうけである営業利益に、本業以外で生じた利益や損失を足し引きしたものが経常利益です。本業以外の経済活動の代表が"財テク"。あまっている資金で有価証券や不動産などを売買して、稼ごうとするわけですね。収益が生じたら「営業外収益」、損をしたら「営業外費用」として計上します。

　また、借入金の利息も、重要な営業外費用です。借入金が多い会社は、利息のせいで営業外費用がかさみ、経常利益が確保できません。**経常利益は本業で稼ぐ力に、財テクや資金繰りの力も加えた、会社の総合力を示すもの**だといえます。経常利益がよくなければ、会社の稼ぐしくみそのものに問題あり。業績改善のためには、リストラなどの思い切った改革が必要です。

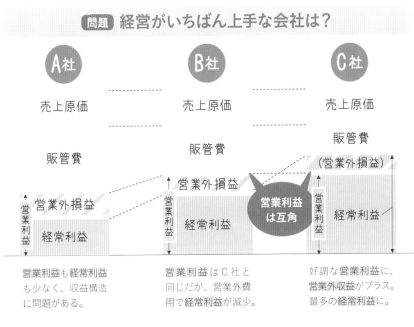

**問題 経営がいちばん上手な会社は？**

A社　B社　C社

A社：営業利益も経常利益も少なく、収益構造に問題がある。

B社：営業利益はC社と同じだが、営業外費用で経常利益が減少。

C社：好調な営業利益に、営業外収益がプラス。最多の経常利益に。

**答え　C社**

*Point!*
C社は、本業も本業以外の財テクや資金繰りも順調で会社の総合力が高いと考えられます。本業以外の経済活動は、貸借対照表と照らし合わせましょう。

このへんを見よう

P/L▶P39

税引前当期純利益

# 予想外のもうけや 損が見えてくる

先日、倉庫でボヤがあって、備品や商品が一部使えなくなってしまったんです。こうした損失は、販管費（P48）？　それとも営業外費用（P54）？　決算書のどこにあらわれますか？

「特別損失」です。営業活動に直接関係しない利益や損で、毎年あることではないものは、"特別"に計上します

経常利益にそうした"特別"を足し引きすると、「税引前当期純利益」が計算されるんですね！

---

## 【計算式】

### 税引前当期純利益※＝経常利益＋特別利益－特別損失

（→P54）

※マイナスのときは「税引前当期純損失」となります。

---

## ■臨時に発生した利益や費用

「特別利益」と「特別損失」は、臨時に発生した損益です。今期限りの一時的な要因によるものなので、来期以降の損益を予測するためには使いません。ただ、自然災害や不動産の売却など、将来の会社の事業に間接的影響を与えるものが計上されることがあるので、注意が必要です。

# 特別損益はこんなもの

## 特別利益

本業とかかわりなく、臨時的に生じる利益のこと。本業で利益を出せないときに、土地や株の売買で特別利益を計上するケースもある。

### 固定資産売却益
こ てい し さんばいきゃくえき

会社が持つ土地や建物、機械、車などを、簿価※より高い価額で売ったときに生じる利益。

### 投資有価証券売却益
とう し ゆう か しょうけんばいきゃくえき

投資目的で持っている有価証券を、簿価より高い価額で売ったときに生じる利益。

### 償却債権取立益
しょうきゃくさいけんとりたてえき

過去に貸倒処理をしたが、後に金銭を回収したことで生じる利益。

### 債務免除益
さい む めんじょえき

借入金の返済が免除されるなど債務が免除されることで生じる利益。

## 特別損失

通常は発生しない臨時的な損失のこと。リストラによる退職金支払いなどがあれば、来期以降の経営状態改善につながる可能性もある。

### 固定資産売却損
そん

会社が持つ土地や建物、機械、車などを、簿価より低い価額で売ったときに生じた損失。

### 投資有価証券売却損
そん

投資目的で持っている有価証券を、簿価より低い価額で売ったときに生じた損失。

### 災害損失
さいがいそんしつ

台風や地震、火災などで失った資産の価額やその後始末にかかった損失。

### 損害賠償損失
そんがいばいしょうそんしつ

取引先などに与えた損害を補てんするために生じた損失。

### 事業整理損失
じ ぎょうせい り そんしつ

リストラ社員に支払う退職金などによる損失。定年退職や希望退職の社員の退職金とは別。

特別利益と
特別損失を合わせて、
「特別損益」と
いいます

※簿価は帳簿価額のこと。会計上の資産価値を表す。

このへんを見よう

P/L ▶ P39

当期純利益

# 最終的な利益は どのくらい？

損益計算書のいちばん下に書いてあるのが「当期純利益」。その年の最終的な利益です

税引前当期純利益（P56）との違いは、文字通り、税引前と後ってことですか？

その通り！「法人税等」を差し引いた後、会社の手元に残る利益になります

---

## 【計算式】

## 当期純利益※ ＝ 税引前当期純利益 － 法人税等
（→P56）

※マイナスのときは「当期純損失」となります。

---

### 「法人税等」はこんなもの

| 法人税 | 地方法人税 | 法人住民税 | 事業税 |
|---|---|---|---|
| 日本国内に本店を置く法人が国に納める税金。 | 自治体間の税収の偏りを是正するために、国に納める税金。 | 事業所のある都道府県と市区町村に納める税金。東京23区は都民税のみ。 | 法人、個人の事業者が事業所のある都道府県に納める税金。 |

ほかにも、固定資産税とか印紙税とか、いろいろな税金を払っているよね？

"利益に応じて課せられる「法人税等」" とは異なり、そうした税金は「租税公課」という科目名で販管費（P48）に計上されています

## ■法人税等と「税効果会計」で調整した金額を差し引く

税引前当期純利益から法人税等を差し引いたのが、「当期純利益」。法人税等は、会社のもうけに一定の税率を掛けて求めます。ところが、税引前当期純利益にそのまま税率を掛けても、実際の税額とは一致しません。これは、会計ルールで算出した税引前当期純利益と、税法上のルールで算出したもうけ（課税所得）は違うから。このズレによって当期純利益が左右されると、正しい経営状態が伝わりません。そこで、上場企業などが導入しているのが「税効果会計」というしくみ。会計期間をまたいで課税される税金などを適切に配分し、税金費用のズレを調整するのです。税引前当期純利益から、法人税等と税効果会計による「法人税等調整額」を差し引いて、適切な当期純利益を算出します。

**当期純利益は会社内にためられて、不測の事態に備えます。**また、株主への配当金のもととなったり、設備・人材投資や待遇改善のための資金になったりします。**会社の存続と成長を担う、エネルギーのようなものなのです。**

### 投資家が注目する「1株当たり当期純利益」

当期純利益を、その会社の発行済株式総数で割ったものが「1株当たり当期純利益（EPS）」です。EPSの値が高い会社は、収益性の高い "お買い得品" かも。会社の規模にかかわらず、収益性を比較できる指標として、投資家に用いられています。

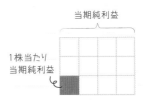

当期純利益÷発行済株式総数
＝1株当たり当期純利益

# 過去の数字と比べて
# 会社の成長をはかる

会社が順調に成長しているのかどうかは
過去の数字を並べてみるとわかります。

---

**注目!**

## 売上高と利益の増減を見よう

「売上高が増えていれば、利益も増えているだろう」
と思うでしょうが、実際はそうとは限りません。両者
が比例しない場合は、「売上総利益、営業利益、経常
利益、税引前当期純利益」を順に見ていきましょう。
増減しているところから、理由を探っていきます。

---

### 売上高↗、利益↗
### ◎ 増収増益

売上高の増加に伴って、利益が増えている。本業が順調に回っていて、利益も伸ばしている理想的な状態。

### 売上高↘、利益↗
### ○ 減収増益

売上高は減っているが、利益は増えている。本業の業績はダウンしているが、財テクや経費削減が奏功して、利益につながったと考えられる。

### 売上高↗、利益↘
### △ 増収減益

売上高は増えたが、利益は減っている。仕入れ代金や人件費などのコストがかさんだか、財テクで失敗があったのかも。

### 売上高↘、利益↘
### × 減収減益

売上高も利益も減っている。本業で稼げず、財テクなどの副業もうまくいっていない。収益構造の見直しが必要。

「増収増益」などは
決算発表のニュースなどで
耳にする用語ですね

## 伸び率を比べよう

以前（前年など）と比べて、数字がどのくらい伸びたのかを表すのが「伸び率」です。業績の傾向がつかみやすく、ライバル社との比較もしやすくなります。売上高の成長を見る「売上高伸び率」などがあります。

### 【計算式】

$$伸び率 = \frac{今年の値 - 前年の値}{前年の値} \times 100（\%）$$

● 売上高伸び率の計算式

$$\frac{売上高}{伸び率} = \frac{当期売上高 - 前期売上高}{前期売上高} \times 100（\%）$$

例 売上高が下のように推移している会社の場合、
前期から当期への売上高伸び率は？

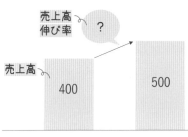

売上高
伸び率 ？

売上高

400　　500

前期　　当期

売上高
伸び率

$$\frac{500 - 400}{400} \times 100（\%） = 25\%$$

どんな科目の
伸び率だって
上の式を使えば
計算できるんだ！

## 会社同士の比較なら比率を比べよう

規模の違う会社同士は、比率で比べます。売上高に対し、営業利益や経常利益が占める割合などを算出します。業種によって収益構造が違います。
同業種で比較するとよくわかります。

分析指標
▶PART5

# ワークマンの
# 損益計算書を見てみよう

1982年に設立。作業服・作業用品専門の小売業として、関東地方を中心に全国各地に店舗を展開。日本最大のシェアを誇ります。スーパーのベイシア、ホームセンターのカインズなどと同じ、ベイシアグループに所属しています。

## 損益計算書

(単位：百万円)

| | 2018年3月期 | 2019年3月期 | 2020年3月期 | |
|---|---|---|---|---|
| 営業収入 | 14,390 | 17,206 | 23,826 | ポイント ❶ |
| 売上高 | 41,692 | 49,762 | 68,481 | |
| 営業総収入 | 56,083 | 66,969 | 92,307 | ポイント ❷ |
| 売上原価 | 35,614 | 41,770 | 57,923 | |
| 営業総利益 | 20,468 | 25,199 | 34,384 | |
| 販売費及び一般管理費 | 9,864 | 11,672 | 15,214 | ポイント ❸ |
| 営業利益 | 10,603 | 13,526 | 19,170 | |
| 営業外収益 | | | | |
| 　受取利息 | 347 | 339 | 414 | |
| 　その他 | 964 | 947 | 1,139 | |
| 　営業外収益合計 | 1,312 | 1,287 | 1,554 | |
| 営業外費用 | | | | |
| 　支払利息 | 59 | 55 | 57 | |
| 　その他 | 0 | 2 | 0 | |
| 　営業外費用合計 | 59 | 58 | 58 | |
| 経常利益 | 11,856 | 14,755 | 20,666 | ❹ |
| 特別利益 | | | | ポイント |
| 　固定資産売却益 | — | — | 2 | |
| 　特別利益合計 | — | — | 2 | |
| 特別損失 | | | | |
| 　固定資産除却損 | 7 | 20 | 27 | |
| 　その他 | 53 | 5 | 545 | |
| 　特別損失合計 | 60 | 26 | 573 | |
| 税引前当期純利益 | 11,795 | 14,728 | 20,095 | |
| 法人税、住民税及び事業税 | 4,050 | 5,132 | 7,031 | |
| 法人税等調整額 | △99 | △213 | △305 | ポイント |
| 法人税等合計 | 3,951 | 4,918 | 6,726 | ❷ |
| 当期純利益 | 7,844 | 9,809 | 13,369 | |

百万円未満切り捨て。内訳の計と合計が一致しない場合がある。

# 脱・作業着化に成功し、売上・利益ともに好調

**ポイント①** いちばん上の「営業収入（えいぎょうしゅうにゅう）」って何だろう？

営業収入の大部分はフランチャイズ方式のロイヤリティ。本社は加盟店に商品供給や店舗運営のノウハウの提供を行い、ロイヤリティを得ています。売上高は本社直営店のみのもので、これらの合計が「営業総収入（えいぎょうそうしゅうにゅう）」です。

**ポイント②** 2019年も2020年も増収増益ですね
（営業総収入↗、当期純利益（とうきじゅんりえき）↗）

営業総収入も当期純利益も増え、増収増益が続いています。2020年の営業総収入の伸び率（P61）は37.8％と大幅にアップ。作業着のほか、実用性と機能性を生かしたカジュアルウェアなどで客層を拡大。好調をキープしています。

**ポイント③** 営業利益（えいぎょうりえき）の伸び率は、利益のなかでもとくに高いです

2020年の営業利益の伸び率は41.7％。稼ぐ力の秘密（ひみつ）は販管費（はんかんひ）の低さです。店舗の多くは、郊外の土地を取得して自社で建設しているので、地代家賃がほとんどかかりません。フランチャイズ形式のため、人件費が低いのも強みです。

**ポイント④** 経常利益（けいじょうりえき）も伸びているわ！本業外でも、もうけていますね

2020年の経常利益は約206億円で、前年比伸び率は40.1％。営業外収益（えいぎょうがいしゅうえき）の受取利息（加盟店への貸付金）や、「その他」に含まれる取引先からの機器使用・保守などのサービス料収入、販促媒体の売却収入などが多くなっています。

# 三越伊勢丹HDの 損益計算書を見てみよう

ともに老舗百貨店である三越と伊勢丹が2008年に経営統合。日本最大規模の百貨店として再スタートしました。百貨店市場が縮小するなか、基幹店のリモデルやネット通販事業など、新たなビジネスモデルを模索しています。ここでは、グループ会社全体の損益計算書（連結損益計算書）を見てみましょう。

## 連結損益計算書

※連結決算書の詳しい説明はP170へ。　　（単位：百万円）

| | 2018年3月期 | 2019年3月期 | 2020年3月期 | |
|---|---|---|---|---|
| 売上高 | 1,256,386 | 1,196,803 | 1,119,191 | ポイント ① |
| 売上原価 | 889,103 | 848,521 | 796,489 | |
| 売上総利益 | 367,282 | 348,282 | 322,702 | ポイント ② |
| 販売費及び一般管理費 | 342,869 | 319,052 | 307,023 | |
| 営業利益 | 24,413 | 29,229 | 15,679 | ポイント ④ |
| 営業外収益 | 14,851 | 13,846 | 16,409 | |
| 営業外費用 | 11,939 | 11,080 | 12,316 | |
| 経常利益 | 27,325 | 31,995 | 19,771 | ポイント ④ |
| 特別利益 | | | | |
| 　固定資産売却益 | 85 | 29,961 | 6,637 | |
| 　投資有価証券売却益 | 1,147 | — | 2,450 | |
| 　その他 | — | 54 | 663 | |
| 　特別利益合計 | 1,232 | 30,015 | 9,751 | |
| 特別損失 | | | | |
| 　固定資産処分損 | 963 | 2,580 | 4,293 | |
| 　減損損失 | 11,187 | 32,447 | 10,844 | |
| 　投資有価証券評価損 | — | 251 | 771 | |
| 　店舗閉鎖損失 | 2,415 | 4,166 | 6,988 | |
| 　事業構造改善費用 | 5,030 | 5,828 | 8,928 | |
| 　その他 | 6,526 | 1,491 | — | |
| 　特別損失合計 | 26,124 | 46,766 | 31,826 | ポイント ③ |
| 税金等調整前当期純利益 | 2,433 | 15,244 | △2,303 | |
| 法人税、住民税及び事業税 | 5,807 | 5,878 | 4,544 | |
| 法人税等調整額 | △2,527 | △3,213 | 5,767 | |
| 法人税等合計 | 3,279 | 2,664 | 10,312 | |
| 当期純利益 | △845 | 12,579 | △12,615 | ポイント ④ |
| 非支配株主に帰属する当期純利益 | 114 | △900 | △1,428 | |
| 親会社株主に帰属する当期純利益 | △960 | 13,480 | △11,187 | |

百万円未満切り捨て。内訳の計と合計が一致しない場合がある。

## 経営不振のため、事業改革中

**ポイント❶ 2020年の売上高は、前年比マイナス約776億円！**

2019年10月の消費税率アップに伴う駆け込み需要はあったものの、その反動で売上減少が続きました。さらに2020年1月以降は、新型コロナウイルスの影響による訪日外国人の急減、消費行動の自粛などで売上は落ち込んでいます。

**ポイント❷ 販管費を減らして、コストカットしているのかな？**

収益構造改革のなかで徹底したコストカットに取り組んでおり、2021年度までに販管費を3000億円にするという目標を立てていました。今期は人件費や地代家賃を中心に約120億円をカット。前年比3.8%減となっています。

**ポイント❸ 2020年の特別損失に注目しましょう**

2019年よりは少ないものの、特別損失は約318億円。売上減が続く店舗の収益性を反映した「減損損失」が計上されています。店舗閉鎖に伴う損失（店舗閉鎖損失）やリストラに伴う特別退職金支払い（事業構造改善費用）も増えています。

**ポイント❹ 最終的には大幅な赤字ですね〜。……って、当期純利益が3つもある!?**

連結決算では、一番下の当期純利益を見ましょう（P172参照）。2019年の黒字から一転、2020年は111億円もの大赤字。売上減少に加え、2019年に多かった特別利益の固定資産売却益（P57）が減ったことも大きく影響しています。

COLUMN 2

ウソはダメ！
# 「粉飾決算」は犯罪になる

会社が意図的に操作して、
実際よりも利益を多く（少なく）見せようとする行為を
「粉飾決算」（ふんしょくけっさん）といいます

　決算書で経営状態の悪化が明るみに出ると、融資を打ち切られたり、取引を解消されたりする恐れがあります。株価にも影響します。そこで決算書を操作し、業績をよく見せようとするのが「粉飾決算」です。税金を減らすために、利益が少なくなるよう操作することもあります（逆粉飾決算）。上場企業は会計監査（P26）が義務付けられていますが、それでも粉飾に手を染める会社はなくなりません。会計監査のない中小企業は、なおさら粉飾が行われやすい環境にあるといえます。

## ■刑事責任や民事責任を負うことも

　上場企業が粉飾決算を行った場合、金融商品取引法の定めで厳しく罰せられます。非上場企業でも、粉飾決算を行ったうえでの行為について、罰せられる可能性があります。利害関係者から民事責任を問われることもあります。

どうやって
利益を多く（少なく）
見せるのかな？

売上の前倒しや
経費の先送り、
架空売上の計上など
方法はいろいろですが、
いずれは歪みが生じて
バレてしまうでしょう

## PART 3

会社の財産をまるっと表す

# 貸借対照表

どんな財産を
いくら持っている？

PART3では、その時点で
会社が持つ財産を一覧に
した「貸借対照表」の
読み方を見ていきましょう

# 外から見てもわからない、フトコロ事情

貸借対照表からわかること

# 会社が持つ本当の
# 財産があきらかに

立派な社屋や設備を持つ会社でも、経営はピンチ？
貸借対照表では、会社の持つ本当の財産がわかります。

「貸借対照表（たいしゃくたいしょうひょう）」は、会社の財産がわかる報告書ですよね。現金や土地などをたくさん持っているほど"よい会社"なんでしょう？

そうとも限りませんよ。下のA社とB社、どっちの財務状況がよいと思いますか？

## その財産、本当に自分のもの？

A社

現金・商品・土地・建物
合計1億円

じつは
↓

借金9000万円

実質的な財産
1000万円

B社

現金・商品・土地・建物
合計3000万円

じつは
↓

借金0万円

実質的な財産
3000万円

一見、A社の財産が
多そうだけど……

A社は、たくさん持っているけど、借金も多い。
B社のほうが実質的な財産は多いですね！

財産の中身だけでなく、財産をどう手に入れたか、
つまりお金の出どころも大事なんじゃないかな

その通り！　財産の中身とお金の出どころを会計
用語を使って式にすると、下のようになります

## 【財産の計算式】

| 持っているお金やモノ | | いずれ返す借金など | | 正味の財産 |
|---|---|---|---|---|
| **資産** | ＝ | **負債** | ＋ | **純資産** |

会社が持つプラスの財産。現金や商品、建物など。後日受け取る約束の商品代金など、目に見えないものもある。

借金や、まだ払っていない商品代金など。将来、返さなくてはならないため、マイナスの財産ともいう。

株主から出資された事業の元手や、会社がもうけた利益の蓄積。正味の財産を指す。

## お金の使いみち

## お金の出どころ

貸借対照表では、こうした、
お金の使いみち（「資産」）と、
お金の出どころ（「負債」「純資産」）が
まとめられているのです。
次ページで詳しく見ていきましょう

## ■お金をどう調達し、どう使った？　経営状況が見えてくる

「貸借対照表」は決算日における財政状態を表したものです。左側に「資産」、右側に「負債」と「純資産」がまとめられ、左右の合計金額は必ず一致するのがポイント。まずわかるのは負債、つまり借金がどのくらいあるかです。また、**表の右側で"どこからお金を集めたか"、左側で"お金を何に使ったか"がわかります**。倒産の心配がなく、堅実な経営をしているかどうかを判断できます。

## 左右の総額が同じバランスシート

勘定式タイプの貸借対照表は、表の左側に「資産」、右側に「負債」「純資産」が記載されます。左の総額（総資産）と右の総額（総資本）は必ず等しくなります。

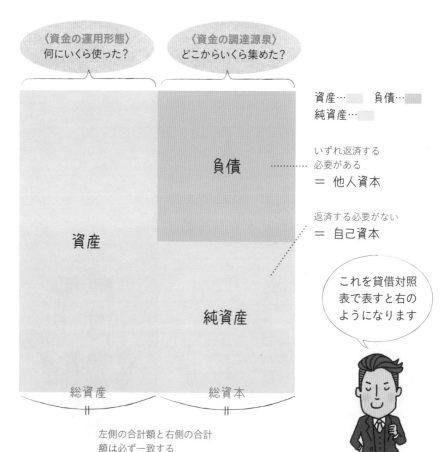

〈資金の運用形態〉
何にいくら使った？

〈資金の調達源泉〉
どこからいくら集めた？

資産…　　　負債…
純資産…

いずれ返済する
必要がある
＝ 他人資本

返済する必要がない
＝ 自己資本

負債

資産

純資産

これを貸借対照表で表すと右のようになります

総資産　　　総資本
‖　　　　　‖

左側の合計額と右側の合計
額は必ず一致する

## 貸借対照表 B/S

(〇年〇月〇日)

(単位：百万円)

| 資産の部 | | 負債の部 | |
|---|---|---|---|
| **流動資産** | | **流動負債** | |
| 　現金及び預金 | 1,800 | 　買掛金 | 500 |
| 　受取手形 | 200 | 　短期借入金 | 200 |
| 　売掛金 | 600 | 　未払金 | 200 |
| 　有価証券 | 50 | 　未払法人税等 | 50 |
| 　商品 | 350 | 　その他 | 50 |
| 　その他 | 350 | 　　流動負債合計 | 1,000 |
| 　貸倒引当金 | △50 | **固定負債** | |
| 　　流動資産合計 | 3,300 | 　長期借入金 | 1,000 |
| **固定資産** | | 　退職給付引当金 | 400 |
| （有形固定資産） | | 　その他 | 100 |
| 　建物・構築物 | 1,600 | 　　固定負債合計 | 1,500 |
| 　　減価償却累計額 | △200 | **　負債合計** | 2,500 |
| 　機械・運搬具 | 300 | 純資産の部 | |
| 　　減価償却累計額 | △100 | **株主資本** | |
| （無形固定資産） | | 　資本金 | 1,000 |
| 　ソフトウェア | 50 | 　資本剰余金 | 500 |
| （投資その他の資産） | | 　利益剰余金 | 1,000 |
| 　投資有価証券 | 50 | | |
| 　固定資産合計 | 1,700 | **　純資産合計** | 2,500 |
| **資産合計** | 5,000 | **負債・純資産合計** | 5,000 |

── 同じ金額 ──

P39の損益計算書（そんえきけいさんしょ）とは違って表が左右に分かれてますね

これは「勘定式」の貸借対照表。実務では「報告式」も使われます

\「報告式」/

| 資産 |
|---|
| 負債 |
| 純資産 |

### 貸借対照表の形式は2タイプ

企業が公開する有価証券報告書（ゆうかしょうけんほうこくしょ）（P128）などの決算書では、資産・負債・純資産を上下に並べた「報告式」の貸借対照表が使われる。表の見方は、勘定式でも報告式でも同じ。

# お金の出入りが早い順に並んでいる

貸借対照表の構成は、左右のまとめ方だけでなく、
上下のまとめ方にも大事なルールがあります。

貸借対照表の各項目は、入金や出金の時期が早い
もの、いわゆる現金に近いものを上から順番に記
載する決まりがあります。どうしてなのか、下の
例で理由を考えましょう

## その借金、本当に返せる?

| 資産<br>500万円 | = | 負債<br>100万円 | + | 純資産<br>400万円 |
|---|---|---|---|---|
| **じつは<br>こうだったら**<br><br>・現金<br>**50万円**<br>・商品<br>**30万円**<br>・建物・備品など<br>**420万円** | | **じつは<br>こうだったら**<br><br>・借入金<br>**100万円**<br>(返済期限は<br>1ヵ月後!) | | |

商品が全部売れても……

| 手元のお金<br>80万円 | < | 返済額<br>100万円 |
|---|---|---|

これじゃあ
期日までに
返済できない!

そうです。返済できるかを見るには、総額だけでなく、財産の内訳が重要です。より正確なジャッジに必要な財政状態を明確に表すため、下のような記載ルールが決まっているのです

## 5つの区分でざっくりわかる

資産と負債はそれぞれ、「流動」と「固定」に区分されます（換金しやすいもの、回収・支払いが早いものは流動、遅いものは固定）。さらに「流動性配列」といって、流動性の高い項目が上から順に記載されます。

**換金 しやすい**

### 流動資産
1年以内に現金化が可能な資産。※
現金及び預金／売掛金／棚卸資産 など

### 流動負債
1年以内に支払う予定の負債。※
買掛金／短期借入金　など

### 固定負債
1年を超えて返済・解消する予定の負債。
長期借入金　など

### 固定資産
事業を行うために長く保有、活用される予定の資産。
建物／備品／土地／ソフトウェア など

### 純資産
会社の純粋な財産。
資本金／利益剰余金　など

**換金 しにくい**

※1年を超えても、通常の営業サイクルで生じる資産・負債は、流動資産・流動負債に記載される。

5つの区分の大きさや比率から財務バランスを分析できるんだって！
(P98)

One Point!

### 固定項目を先に記載する方法もある

電力会社やガス会社は、会社を経営するうえで固定資産が重要。そのため、固定項目を先に記載する「固定性配列法」が採用されています。

このへんを見よう

B/S▶P73

## 流動資産

# じきにお金になる
# 資産はいくら?

「流動資産」には、さまざまなものがありますね。
現金や商品はわかるけど、知らない言葉も多い…

業種や会社によって、本書とは違う科目名も使われています。でも、流動資産の中身は大きく分けて下の3つ。このイメージをつかめば大丈夫!

## 流動資産は大きく分けて3つ

| 流動資産 | |
|---|---|
| 現金及び預金 | 1,800 |
| 受取手形 | 200 |
| 売掛金 | 600 |
| 有価証券 | 50 |
| 商品 | 350 |
| その他 | 350 |
| 貸倒引当金 | △50 |
| 流動資産合計 | 3,300 |

❶ 当座資産

❷ 棚卸資産

❸ その他流動資産

**■短期間に現金化できる資産の額がわかる**

　事務所の建物を売りに出しても、すぐに現金にするのは難しいですが、商品なら即日現金化も可能。日本では、決算日の翌日から1年以内に現金化できるもの※を「流動資産」としています。「当座資産」「棚卸資産」「その他流動資産」の3グループで見ていきます。

※1年を超えても、通常の営業サイクルで生じるものは流動資産とされる。

## ❶ こんなものが「当座資産」

流動資産のなかでも、とりわけ現金化の早い4つをまとめて「当座資産」と呼びます。主なものを下に紹介します。当座資産が十分あるほど、安心して取引ができると考えられます。

### 現金及び預金

会計上の「現金」は、通貨のほか、銀行ですぐに換金できる小切手なども含む。「預金」は、普通預金、当座預金のほか、満期が1年以内の定期預金を指す。現預金ともいう。

### 受取手形
（うけとり て がた）

取引先から受け取った「手形（支払日や金額が記された証書）」。期日を迎えると現金化される。期日前の手形を銀行に買い取ってもらい、割引料を差し引いた現金を受け取ることもできる。

### 売掛金
（うり かけ きん）

商品を「掛」（後払い）で販売したときの代金。後日、お金を受け取る。取引先の倒産などで回収できない場合もあるため、「貸倒引当金」（かしだおれひきあてきん）（P79）を計上することも。

> "お金を受け取る権利"のあるこの2つをまとめて「売上債権」（うり あげ さい けん）といいます

### 有価証券

株券

会計上の「有価証券」は、短期的に売買する目的で保有している株券、決算日翌日から1年以内に満期を迎える社債、国債及び地方債などを指す。その他の株式（売買目的でない株式など）は、固定資産の「投資有価証券」に記載される。

> 「当座資産」が多いほど、安心して取引できるのは、具体的にどうしてですか？

> 「当座資産」がたくさんあるほど、支払いが滞る可能性は低く安全性が高いと考えられるからです。ただし、借金（負債）とのバランスを見ることも忘れずに！

安全性チェック
▶P152〜

## ❷「棚卸資産」で在庫をチェック

棚卸資産とは、商品や製品の在庫のことです。売れれば現金化できるので資産として計上しますが、必ず売れるとは限らないのが難しいところ。適切な量を見極めて、スムーズに回転させることが重要です。

| 商品 | 原材料 | → | 仕掛品 | → | 製品 |
|------|--------|---|--------|---|------|
| 加工せずに、そのまま販売する目的で他社から仕入れたもの。 | 製品をつくるための原材料。購入時の手数料や運賃なども含まれる。 | | 販売する目的で、自社で製造している途中のもの。 | | 販売する目的で、自社で製造して完成したもの。 |

## 在庫は多すぎも少なすぎもNG

〈在庫が少なすぎると……〉

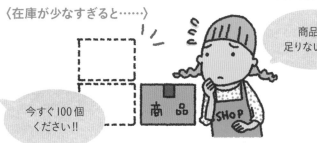

商品が
足りない……

今すぐ100個
ください!!

品切れを起こしてしまうと、販売のチャンスを逃してしまう。

〈在庫が多すぎると……〉

倉庫代、
高いなぁ……

売れ残らないと
いいけど……

保管費用など、在庫管理コストがかさむうえ、売れ残りの危険性も。

「棚卸資産」を使った分析で、在庫に過不足がないか、在庫がきちんと入れ替わっているか調べることができます

棚卸資産
回転率
▶P149

# ❸ ほかにもいろいろ「その他流動資産」

当座資産や棚卸資産のほかにも、いろいろな流動資産があります。業種や会社ごとに多少の違いはありますが、通常の営業活動のなかで発生するものがここに含まれます。

| | |
|---|---|
| **短期貸付金** | 取引先や従業員などに貸したお金のうち、1年以内に返済される予定のもの。 |
| **未収金** | 固定資産や有価証券など商品以外のものを売却したものの、まだ受け取っていないお金。 |
| **立替金** | 取引先や従業員が払うべき費用を一時的に立て替えて払ったお金。 |
| **前払金・前渡金** | 商品などの購入に先立って、相手に支払った内金や手付金。 |
| **前払費用** | すでに支出した費用だが、次期の分を前払いした費用。 |

## 将来の"貸倒れ"を見積もる＝「貸倒引当金」

P76の流動資産の「貸倒引当金」は、金額の頭に△がついているけど、どうしてですか？

△はマイナスを意味します。貸倒引当金は、あらかじめ"回収できない可能性がある金額"の見積もり。将来受け取る予定のお金を回収できない可能性を反映しているのです

■入金予定は絶対じゃない！

　取引先の経営不振や倒産があると、売掛金や受取手形（P77）など入金を予定していたお金（債権）が回収できなくなります。これを「貸倒れ」といいます。「貸倒引当金」は、**事前に「売掛金の○％は回収できないもの」と見積もることで、会計期間の損益の計算をより適正化してくれます。**見積方法は会社によって異なり、貸倒引当金を計上しない会社も少なくありません。

固定資産

# 会社が長く保有、活用する資産

流動資産の次は「固定資産」です。固定資産とは、
建物や工場、土地など、事業を行うために長期に
わたって所有・使用する資産のことです

## 固定資産の中身は大きく分けて３つ

| 固定資産 | |
|---|---:|
| （有形固定資産） | |
| 建物・構築物 | 1,600 |
| 減価償却累計額 | △200 |
| 機械・運搬具 | 300 |
| 減価償却累計額 | △100 |
| （無形固定資産） | |
| ソフトウェア | 50 |
| （投資その他の資産） | |
| 投資有価証券 | 50 |
| 固定資産合計 | 1,700 |
| 資産合計 | 5,000 |

❶ 有形固定資産

❷ 無形固定資産

❸ 投資その他の資産

### ■事業のために長く使うのが基本

　固定資産とは、事業で長期間使うために取得した資産をいいます。また、現
金化までに１年を超える予定の資産※も、計上します。「有形固定資産」「無形
固定資産」「投資その他の資産」の３つに分けて、イメージをつかんでくださ
い。ポイントは、"その会社がどんな事業を行っているのか"を考えながら見るこ
とです。その会社が事業を営むうえで、必要なものが記載されているからです。

※現金化まで、決算日翌日から１年を超える予定の資産。

# ❶ 目に見える! 主な「有形固定資産」

目に見える形があって触れられるものが、有形固定資産。代表的なのは下の4つです。固定資産が増えていれば、工場や店舗が増えたのかもしれません。増減の理由も探ってみましょう。なお、不動産業者が販売目的で持っている土地や建物は、「棚卸資産」（P78）として流動資産に計上されます。

建物　　　車両運搬具　　　器具・備品　　　土地

# ❷ 目に見えない! 主な「無形固定資産」

無形固定資産は、形がない資産のこと。目には見えませんが、長期間にわたって事業に使われて収益を生み出します。知的財産権と呼ばれる「権利」やパソコンの「ソフトウェア」などが、代表的なものです。

## 特許権

新発見や発明を利用した製品や製法を、特許法に基づいて一定期間独占利用できる権利。

## 商標権

他社のものと区別するために、商品やサービスにつける名前やロゴマークなどを独占利用できる権利。

## 借地権

建物を建てることを目的として、地代を払って他人から土地を借りる権利。

## ソフトウェア

コンピュータを機能させるプログラム。動作基盤を提供するものや文書作成ソフト、会計ソフトなどがある。

## のれん

他社を買収時に、その会社の純資産と買収価額の差額を「のれん代」として計上する。長年の信用やブランドイメージを無形資産と考えたもの。

固定資産のなかに出てくる「減価償却累計額」とは何ですか？「減価償却費」は固定資産の購入時に支払った額を、何年かに分けて費用化するものでしたよね？

減価償却費 ▶P50

その通りです！　減価償却累計額は、それまでにかかった減価償却費の合計額なんです

## 費用化した分の合計が「減価償却累計額」

減価償却累計額は、それまでの減価償却費をまとめた金額です。取得時の価額(取得価額)に併記することで、目減りした分が一目でわかります。「取得価額－減価償却累計額」で、その時点の帳簿価額（会計上の資産価値のことで「簿価」ともいう）が計算できます。

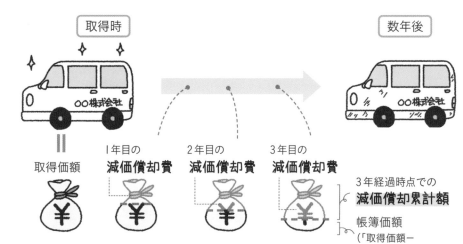

取得時

数年後

○○株式会社

取得価額

1年目の**減価償却費**

2年目の**減価償却費**

3年目の**減価償却費**

3年経過時点での**減価償却累計額**

帳簿価額（「取得価額－減価償却累計額」）

減価償却する？ しない？ で見ると……

〈減価償却する〉
建物／車両運搬具／器具・備品／特許権／商標権／ソフトウェア　など

〈減価償却しない〉
土地／借地権
など

時間の経過とともに使用価値が下がるものは、減価償却するんだね！

# ❸ 主な「投資その他の資産」

会社の本業に使うものではなくて、長期的な投資目的で持っている資産を指します。いわば"財テク"の資産で、投資有価証券が代表的です。また、流動資産や有形固定資産、無形固定資産のどこにも当てはまらないものが、ここに計上されます。

| | |
|---|---|
| **投資有価証券** | 満期まで保有する目的で購入した社債や、取引先と交互に持ち合っている株式など。 |
| **関連会社株式** | ほかの会社を支配したり、経営に関与したりすることを目的として保有している株式など。 |
| **子会社株式** | ほかの会社を支配する目的で、その会社の発行済株式の50％以上を取得している株式など。 |
| **長期貸付金** | 他者に貸し付けたお金で、返済期限が決算日の翌日から1年を超えるもの。 |

取引先と相互に株を持ち合ったり、経営に参加するために子会社や関連会社の株を持ったりと、売買目的ではない株式もあります。こうした場合の有価証券は、「固定資産」になります

*One Point!* たま～に出てくる「繰延資産（くりのべしさん）」って？

通常は、一括して費用とすべきものを、特別に資産として計上したのが「繰延資産」です。たとえば、会社の設立にかかった費用を繰延資産にすると、一定期間にわたって費用として償却することができます。ただし、創立費など、翌年度以降もその支出の効果が得られる可能性のあるものに限られています。ほかの資産とは違って、換金価値はないことを覚えておきましょう。

創立費

新株交付費

開業費

社債発行費

開発費

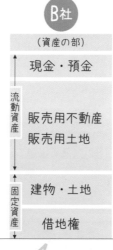

資産のバランス

# 資産の内訳から事業の特徴を読む

流動資産と固定資産の内容は、業種やビジネスによって大きく異なります。資産内容から、事業の特徴を読み取ることも可能ですよ

問題 ウェブサービス業の会社はどれ?

各社の主な資産の内訳を簡単に図式化しています。

A社（資産の部）
流動資産：現金・預金／売掛金／製品・仕掛品
固定資産：建物／機械

B社（資産の部）
流動資産：現金・預金／販売用不動産／販売用土地
固定資産：建物・土地／借地権

C社（資産の部）
流動資産：現金・預金／有価証券
固定資産：備品／ソフトウェア

ヒント
- 製品・仕掛品がある
- 建物・機械が多い

ヒント
- 不動産や土地が「流動資産」にもある

ヒント
- 商品や製品がない
- 有形固定資産が少ない

## 資産に業種の特徴が反映される

会社が持つ資産は事業を営むうえで必要なものですから、資産を見れば業種の見当がつきます。まずは固定資産と流動資産のバランスを見てみましょう。それから、それぞれの中身をチェックしていきます。

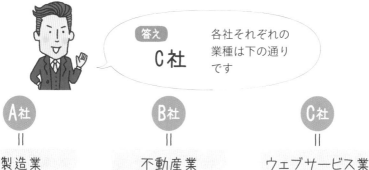

答え **C社** 各社それぞれの業種は下の通りです

**A社** ＝ 製造業

建物や機械など固定資産の割合が大きい。また、製品と製造途中の仕掛品があることから、自社で製造を行っていることがわかる。売掛金が多く、会社との取引が中心だと考えられる。

**B社** ＝ 不動産業

不動産や土地が、商品として流動資産に計上されているのが特徴。一般的には顧客が銀行などを介してローンを組んで購入するので、売掛金（うりかけきん）は少ない。借地権を持っているのも特徴。

**C社** ＝ ウェブサービス業

インターネット事業は、ソフトウェアが多く計上される一方、建物などの有形固定資産がほとんどないケースも。流動資産は現金・預金や有価証券が多く、棚卸資産はない。

### ■ビジネスの内容によって資産の中身が違う

　一般的に、製造業では土地や工場が必要ですし、小売業には店舗がいるでしょう。一方、IT企業はパソコンさえあればビジネスが可能な場合も。このように、固定資産の大小はビジネスの内容で異なります。

　また、流動資産の中身から、**一般のお客さま相手に現金で商売をしているのか、会社を相手に掛取引（かけとりひき）しているのかなども推測できます**。

考えよう！

## 固定資産の中身が変わった理由は？

前期と比べて固定資産の増減が目立つ場合は、事業の拡大や縮小、事業転換などが考えられます。どんな理由なのかは、流動資産や負債の中身、損益計算書（そんえきけいさんしょ）などもよく見て考えましょう。

✓ Check!
- □ 経営拡大に向けた追加投資？
- □ 新規事業に参入？
- □ 経営が苦しくて資産売却？

085

このへんを見よう

流動負債

# 1年以内に支払う必要のある負債

B/S▶P73

「資産」の次は「負債」を見ましょう。借金などで生まれた、いつかお金を返さなければいけない義務などを「負債」といいます。会社が背負っている「債務（さいむ）」ともいいます

負債も、資産のように流動と固定で分けられていますね

そうです！負債のなかでも、1年以内に返済や支払い予定のものを「流動負債（りゅうどうふさい）」といいます

## ■支払い期日の近い負債がわかる

「流動負債」は、決算日の翌日から1年以内に支払期限の到来する債務などです。通常の営業サイクルで生じる負債も流動負債になります。たとえば、掛取引（かけとりひき）で商品を仕入れている場合、「買掛金（かいかけきん）（未払いの仕入れ代金）」や「支払手形（しはらいてがた）」は、流動負債となります。また、返済期限が迫った借入金も流動負債に含まれます。

　流動負債が多すぎると、会社にお金が入ってきても、ためる間もなく返済に回さなければなりません。その結果、資金繰りが悪化して、経営状態は不安定になります。もし、支払手形の「不渡り（ふわたり）」を半年の間に2回出すと、銀行取引は停止され、倒産に追い込まれることに。**流動負債をきちんと支払えるかどうかは、会社経営において、とても重要なことなのです。**

# 「流動負債」には、こんなものがある

流動負債は“早く返すべき借金”のようなもの。手元に入る現金との
バランスがとれていればよいのですが、流動負債が増えすぎるのは問
題。クレジットカードを使いすぎて、首が回らなくなるのと同じです。

## 支払手形

商品などを仕入れた対価を、近い将来に支払うことを約束し
た証書。支払期日や金額、支払口座が明確に記載されている。
期日までに現預金を用意できなければ「不渡り」となる。

## 買掛金

通常の営業取引において、一定期間の代金をまとめて後で支
払うもので、いわゆるツケのこと。仕入先と話し合って取り
決めた期日に支払わなければならない。

これらをまとめ
て「仕入債務」
といいます

| | |
|---|---|
| **短期借入金** | 銀行などの金融機関や取引先からの借金のうち、決算日の翌日から1年以内に返済期限を迎えるもの。 |
| **未払金** | 仕入れなどの通常の営業取引以外で、支払いがすんでいないもの。備品などを購入し、まだ支払っていない代金など。 |
| **未払費用** | 当期に発生した費用のうち、支払いがすんでいないもの。未払いの家賃や給与、水道光熱費など。 |
| **未払法人税等** | 決算日の時点では未払いだが、利益に対して納付が確定している法人税や住民税、事業税の合計額。 |
| **賞与引当金** | 翌期に賞与として支払いを予定している金額のうち、決算日時点で確定している当期分を見積もって計上するもの。 |

KEY WORD

### 引当金

　将来、支出する予定のお金を見積もったものを「引当金」といいます。
たとえば、賞与引当金、退職給付引当金（P89）などです。
　支払時期がくるとお金が出ていくため、負債に計上されますが、「貸倒
引当金（P79）」のように、資産の評価として、負債ではなく“マイナス
の資産”として計上されるものもあります。

早めに返さないといけない借金が多くても、
お金持ちなら、心配いらないような……？

いいところに気が付きましたね！　借金などの
流動負債だけでなく、手持ちのお金など「流動資
産（P76）」とのバランスを見ることが重要です

## 流動資産と流動負債、バランスチェック！

流動負債を期日までに返せなければ、会社の財政状態は危ういです。い
ざ期日が迫ってきたとき、手元に十分な現金や現金化できるものはある
でしょうか？　流動資産と流動負債のバランスを見ていきましょう。

### 短期の資金繰りは良好

| 流動資産 | ＞ | 流動負債 |

返済が迫っている流動負債より
も、すぐに現金化できる流動資産
が多ければ、支払いが滞る心配は
少ない。十分な支払能力があり、
短期間の資金繰りは良好。

### 資金が不足する
### 危険性が高い

| 流動資産 | ＜ | 流動負債 |

流動資産よりも、流動負債が多い
ときは要注意。固定資産が多くて
も現金化には時間がかかる。現金
が足りなくなって、期日までに返
済できない可能性がある。

会社の支払い能力について、
より詳しく知るには、
「流動比率」や「当座比率」
といった指標を使います

流動比率／
当座比率
▶P152〜

このへんを見よう

**固定負債**

# いずれは返済や支払いをする負債

B/S▶P73

流動負債の次は「固定負債」ですね。固定負債は"1年を超えて支払う予定の負債"ですよね

だんだんわかってきましたね！
固定負債は主に3種類です。まとめて覚えてしまいましょう

これくらいなら、覚えられそう……！

## こんなものが「固定負債」

固定負債は1年を超えての返済が可能な借入金などです。計画的に使いやすいお金ともいえるでしょう。返済期限が1年以内に迫ったら、流動負債にふりかえて計上されます。

### 長期借入金

銀行などの金融機関や取引先からの借金のうち、返済期限が決算日翌日から1年を超えるもの。長期間にわたってお金を借りるため、短期借入金よりも利息は高いことも。

### 社債

長期間にわたって大量の資金を集めるために、会社が発行する有価証券※。社債を購入した投資家に対して、会社は一定の条件で利息を支払い、期日には返済する。

### 退職給付引当金

将来、従業員に支払う退職金は、勤続期間に応じて少しずつ退職金が発生していると考えて、確定した分を見積もって計上する。

※ここでは、償還期限が決算日翌日から1年を超えるもの。

PART3 ▶ 会社の財産をまるっと表す 貸借対照表

突然ですが、次のAさんとBさん、どっちにお金を貸したいですか？

Aさん「毎月月末に全額返すから、2年間毎月1万円ずつ貸して！」

Bさん「2年後に全額返すから24万円貸して！」

Aさんかなぁ。Bさんのように長期で貸すのは、よほど信用できる人じゃないと怖いです

そうですよね。この点から見ると、長期借入金などの固定負債があるのは、信用できる会社だと判断できます

■「固定負債」は、会社の信用がある証拠！

「固定負債」は支払期限まで1年を超える負債で、通常の運転資金の他、特別な資金として使われることが多いです。私たちも、家や車などの大きな買い物をするときには、計画を立ててローンを組みますよね。会社の固定負債もそれと同じ。高額な設備の購入や新規店舗の出店などのために借り入れたときは、5～7年くらいで返済するケースが多いです。自分のお金でまかなえるのが理想かもしれませんが、銀行などが長期間お金を貸してくれるのは、その会社を信用しているからこそ。会社が発行する社債も、その会社が信用できなければ投資家は購入しません。固定負債は、会社の信用を表す証拠でもあるのです。

長期借入金と社債は、どちらも借金だけど、借りる相手が違うんですね？

そう。長期借入金は銀行などから、社債は投資家から資金を調達しています。資金調達を図にすると、右ページのような違いがあります

# 直接？ 間接？ 資金の集め方

## 長期借入金

預金者

預金

融資

利息をつけて返済

会社

○△銀行

銀行

### 間接金融

銀行が預金者から集めたお金を、会社が間接的に借りる方法。返済期日に利息をつけて返済する。一般に社債よりも利息は高いが、会社経営では多く採用される方法。

## 社債

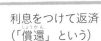

社債を発行

社債を購入

投資家

利息をつけて返済
（「償還」という）

会社

### 直接金融

会社が発行した社債を投資家に購入してもらうことで、直接お金を集める方法。返済期日に利息をつけて返済する。会社と投資家の仲介役として、証券会社が存在する。

投資家から直接資金を集めるっていうと、株式（P94）も直接金融になりますか？

株式も直接金融です！ 社債と株式には、下のような違いがあります。知っておきましょう

|  | 社債券 | 株券 |
|---|---|---|
| お金を出す人 | 債権者 | 株主 |
| 返金 | 期日に返金する | しない |
| 投資家の主なメリット | 利息 | 配当金 |
| 会社の利益が増減すると | 利息は変わらない | 配当金は増減する |

負債を見るときに、もう1つ大事な視点があります。それは、利息が発生するかしないかです

## 借りたお金には利息がつきもの

借入金や社債のように、利息の支払いが生じる負債のことを「有利子負債」といいます。この額が多すぎると、支払うべき利息が多くなり、その分だけ利益を減少させる、つまり財政を圧迫してしまいます。

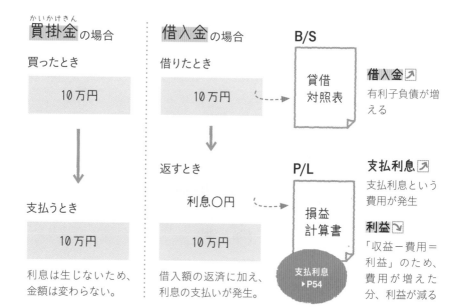

**買掛金の場合**

買ったとき

10万円

↓

支払うとき

10万円

利息は生じないため、金額は変わらない。

**借入金の場合**

借りたとき

10万円

↓

返すとき

利息○円

10万円

支払利息 ▶P54

借入額の返済に加え、利息の支払いが発生。

**B/S**

貸借対照表

**借入金** ↗

有利子負債が増える

**P/L**

損益計算書

**支払利息** ↗

支払利息という費用が発生

**利益** ↘

「収益－費用＝利益」のため、費用が増えた分、利益が減る

利息のつく負債には、短期借入金や長期借入金、社債などがあるんだって。こうした有利子負債がいくらあるか、いくら増減したかは、要チェックだね！

純資産
# 会社が持つ<br>純粋な財産

このへんを見よう
B/S▶P73

貸借対照表の右下エリアの「純資産」は「資産」と似た言葉ですが、中身は全然違うようですね〜

## ■株主からのお金や利益の貯金が中心

　「純資産」は資産と負債の差額で"会社の純粋な財産"といえます。「株主資本」と「株主資本以外」に分けられますが、大部分を占めているのが「株主資本」です。

　株主資本には、株主から出資してもらった事業の元手（資本金、資本剰余金）や、会社が稼いだ利益の蓄積（利益剰余金）、自社で買い取った株式などがあります。いずれも返さなくてよいものですから、**株主資本が多ければ、資金繰りに困ることは少なく、経営状態は安定する**と考えられます。

　純資産は、資産とよく似た言葉ですが、貸借対照表の右側にある純資産は"お金の出どころ"で、左側にある資産は"お金の使いみち"を示しています。まったくの別物ですから、混同しないように気を付けてください。

## 「資産」と「純資産」は別物

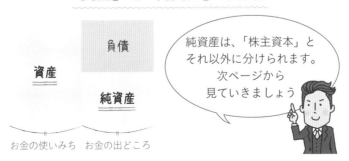

| 資産 | 負債 |
| --- | --- |
|  | 純資産 |

お金の使いみち　お金の出どころ

純資産は、「株主資本」とそれ以外に分けられます。次ページから見ていきましょう

# こんなものが「株主資本」

株主資本は、株主が出資した事業の元手やそれをもとに稼いだ利益の蓄積。「資本金」「資本剰余金」「利益剰余金」「自己株式」に大別できます。

## 株主から集めた事業の元手

### 資本金

会社の設立時などに株主から集めた事業の元手。会社が存続している限り、返済の必要はない。

### 資本剰余金

会社の設立時や増資のときに株主から集めた元手のうち、資本金に組み込まなかった分。「資本準備金」と「その他資本剰余金」に分けられる。

### 資本準備金

株主の出資額のうち、将来の損失に備えて資本金に組み込まずに残す分。その割合は会社法で規定されている。

### その他資本剰余金

自己株式を処分したときなどに生じる剰余金。資本準備金とは違い、株主への配当金のもとにすることができる。

## 会社が稼いだ利益の蓄積

### 利益剰余金

会社が稼いだ利益をためたもの。「利益準備金」と、それ以外の「その他利益剰余金」がある。

### 利益準備金

株主への配当金の10分の1の額を積み立てる分。経営が悪化したときに債権者を保護するため、会社法で積立が義務付けられている。

### その他利益剰余金

配当などで減少した分を除いて、これまで会社が稼いだ最終的な利益を蓄積したもの。

## 自ら買い取った自社の株式

### 自己株式

（常にマイナスになる項目）

発行株式のうち、自社で取得して保有する分。自社株を買うことは、実質的には出資の払い戻しになるため、純資産のマイナスとして計上する。

# 注目すべきは「利益剰余金」！

過去の利益の積み重ねである「利益剰余金」が多いということは、相応の資産が会社に存在するということ。そのため、倒産の心配が少なく、安全性の高い会社と判断できます。

## ● 利益剰余金は、過去の利益の蓄積

P/L（当期）
損益計算書

当期
純利益
30

B/S（前期）
貸借対照表

利益剰余金
200

B/S（当期）
貸借対照表

利益剰余金
230

当期純利益が利益剰余金として計上（加算）される。当期純損失の場合は、その分差し引かれる。

「利益剰余金」が多いほど、余裕のある経営状況で安全性が高いといえます

それじゃあ反対に、利益剰余金がマイナスだったら？

当期の赤字（当期純損失）を上回るマイナス額であれば、過去に何度も赤字になっていて、利益の蓄積もできていないと判断できます。経営状況はよくありません

前ページで紹介した「株主資本」以外の項目が、純資産に記載されることもあります

# 「株主資本」以外の純資産

株主資本以外の純資産は、「評価・換算差額等」「新株予約権」「非支配株主持分」の3つ。将来的には、資本金や利益になる可能性がありますが、まだ確定していないため、株主資本以外として区別されます。

## 評価・換算差額等

［連結決算書（P170）では「その他の包括利益累計額」となります］

- その他有価証券評価差額金
- 土地再評価差額金
- 繰延ヘッジ損益

期末の時価評価額と取得価額との差額を計上したもの。土地やデリバティブ（金融派生商品）の時価評価で差額が発生することはあるが、売買目的でない有価証券の評価差額金であることが多い。

## 新株予約権

あらかじめ決まった条件で、会社の株式を取得できる権利。現在の株価より低い価格で取得し、売却益を得られることが多い。役員や従業員の報酬の1つとしても用いられる。

## 非支配株主持分

子会社や関連会社を含めた企業グループ全体で決算（連結決算）するときに、貸借対照表に記載される項目。子会社の純資産のうち、親会社以外の持分。

連結決算
▶P170

この3つは専門的なのであまり気にしなくて大丈夫。金額の増減が大きいときには注意してみましょう

P95 で "利益剰余金が多いほど経営が安定している" と話しましたね。ほかに、**負債と純資産のバランスから、経営の安全性を見る方法**もあります

## 負債と純資産、バランスチェック！

貸借対照表の右側には「お金の調達源泉」である**負債**と純資産が記載されます。負債と純資産を合わせて「総資本」ともいいます。この2つは、返済の有り無しが異なり、返済のない純資産が多いほど、安定して経営ができているといえます。

返すもの
負債
資産 純資産
返さないもの

資産 負債 純資産

資産 負債 債務超過

### 純資産が多く安全性が高い

資産の大部分を純資産で調達している。**負債**が少ないため、資金繰りに追われることなく、安定した経営ができる。

### 負債の割合が多くて少し心配

資産の多くを、返さなければならない**負債**で調達している。負債のうち、流動負債（P86）が多ければ資金繰りの不安も。

### 債務超過で、経営の危機

会社の資産をすべて売却しても、**負債**を返すことができない。負債の返済期限に現預金が準備できていないと倒産の危機。

なるほど〜、バランスが大事ですね。でも、どのくらいの負債なら、あっても大丈夫といえるの？

会社の負債が適正な範囲内かどうかを示す、「自己資本比率」という指標があります。参考にしてみてください

自己資本比率
▶P158

PART3 ▶ 会社の財産をまるっと表す 貸借対照表

フムフム…

# 資産、負債、純資産の
# バランスから判断する

ここまで貸借対照表の項目を1つずつ見てきました。
最後に表全体を見るときのポイントをおさえましょう。

---

注目！

## 前期からの変化を見逃さないで

分析の基本は比べることです（P31）。前期までの貸借
対照表と比べてみましょう。現金・預金は減っていな
いか、固定資産や負債の中身の変化はないか、利益剰
余金は増えているかなどをしっかり見てください。

---

現金・預金は
ある？
▶P77

固定資産の
変化は？
▶P80

**資産**

仕入債務は
多すぎない？
▶P87

**負債**

有利子負債は
多すぎない？
▶P92

**純資産**

利益剰余金は
増えている？
▶P95

---

注目！

## 上下、左右のバランスを見よう

貸借対照表は資産、負債、純資産の上下左右のバラン
スを見ることが大事です。さらに、「固定」と「流動」
という視点を取り入れると、より深く分析できます。
右ページに示した3つのバランスを見ていきましょう。

分析指標
▶PART5

## ❶ 流動資産と流動負債のバランス

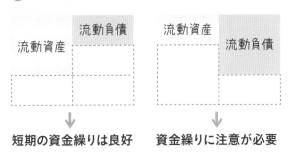

短期の資金繰りは良好　　資金繰りに注意が必要

1年以内に返済しなければならない流動負債より、1年以内に現金化できる流動資産が多ければ、すべて返済できる。流動資産のなかでも現金化の早い当座資産が多ければベスト。

## ❷ 負債と純資産のバランス

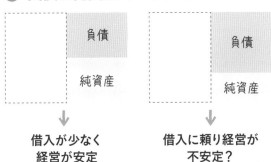

借入が少なく
経営が安定　　　借入に頼り経営が
不安定？

負債は返済が必要なうえに、利息の分だけ利益を圧迫する。純資産が多いほうが利益をためやすく、経営も安定する。負債が多いと、経営は不安定になりがち。

## ❸ 固定資産と純資産のバランス

固定資産は長期間保有する間に少しずつ利益を生むので、返さなくてよい純資産で調達するのがベスト。調達資金に負債を充てていると、固定資産が利益を生む前に返済しなければならず、資金繰りが悪化する可能性がある。

**財務的に健全**
事業に必要な固定資産をすべて純資産で調達している。

**財務的にまずまず**
固定資産を、純資産と固定負債で調達している。

**財務的に不健全**
固定資産の調達に、流動負債まで充てている。

# 任天堂の
# 貸借対照表を見てみよう

1947年に花札やトランプの製造・販売会社として出発。その後、ゲーム機開発に乗り出します。1983年の「ファミリーコンピュータ」を皮切りに、数多くのヒット商品を生み出し、世界のゲーム業界を牽引しています。グループ会社全体の貸借対照表（連結貸借対照表）を見てみましょう。

## 連結貸借対照表　※連結決算書の詳しい説明はP170へ。

（単位：百万円）

| 資産の部 | 2019年3月期 | 2020年3月期 | 負債の部 | 2019年3月期 | 2020年3月期 |
|---|---|---|---|---|---|
| **流動資産** | | | **流動負債** | | |
| 現金及び預金 | 844,550 | 890,402 | 支払手形及び買掛金 | 59,689 | 98,074 |
| 受取手形及び売掛金 | 78,169 | 133,051 | 賞与引当金 | 3,891 | 4,394 |
| 有価証券 | 238,410 | 326,382 | 未払法人税等 | 62,646 | 66,411 |
| たな卸資産 | 135,470 | 88,994 | その他 | 118,781 | 186,801 |
| その他　ポイント❶ | 48,453 | 63,268 | 流動負債合計 | 245,009 | 355,683 |
| 貸倒引当金 | △82 | △515 | **固定負債** | | |
| 流動資産合計 | 1,344,972 | 1,501,583 | 退職給付に係る負債 | 15,068 | 20,450 |
| **固定資産** | | | その他　ポイント❶ | 15,427 | 17,052 |
| 有形固定資産 | 81,550 | 82,866 | 固定負債合計 | 30,496 | 37,503 |
| 無形固定資産 | 14,090 | 15,017 | **負債合計** | 275,505 | 393,186 |
| 投資その他の資産 | 249,690 | 334,619 | 純資産の部 | | |
| | | | **株主資本** | | |
| | | | 資本金 | 10,065 | 10,065 |
| | | ポイント❸ | 資本剰余金 | 12,069 | 15,041 |
| | | | 利益剰余金 | 1,556,881 | 1,707,119 |
| | | | 自己株式 | △156,755 | △156,798 |
| | | | 株主資本合計 | 1,422,260 | 1,575,428 |
| | | | その他の包括利益累計額 | △12,548 | △34,741 |
| | | ポイント❷ | 非支配株主持分 | 5,086 | 213 |
| 固定資産合計 | 345,331 | 432,504 | **純資産合計** | 1,414,798 | 1,540,900 |
| **資産合計** | 1,690,304 | 1,934,087 | **負債純資産合計** | 1,690,304 | 1,934,087 |

お手本にしたい好バランス！

2020年を図解化！

| 流動資産 1兆5,015億円 | 流動負債 3,556億円 |
| 固定資産 4,325億円 | 純資産 1兆5,409億円 |
| | 固定負債 375億円 |

百万円未満切り捨て。内訳の計と合計が一致しない場合がある。

# キャッシュリッチ型で、超優秀な経営

> ポイント
> **①** 一目瞭然で**負債**が少ない！

流動負債も固定負債も非常に少ないですね。通常は、流動資産が流動負債の 1.5～2倍ほどあれば、問題ないと考えられていますが、任天堂は何と4倍以上。負債全体よりも流動資産が大きく、短期間の支払能力にはまったく問題なし！

> ポイント
> **②** 純資産より固定資産が少なく、
> きわめて健全経営です

ゲーム機本体の製造は外部企業に委託しており、機械や設備などを持つ必要がないので、固定資産が少なくてすんでいます。さらに、圧倒的に多い純資産で、固定資産をすべて調達できている状態。まさに理想的なバランスですね。

> ポイント
> **③** 利益剰余金が約1,502億円も増えているわ

"利益の蓄積"である利益剰余金が、前年比9.6%増えており、純資産も増えています。ハードウェア・ソフトウェアの販売が前年以上に好調で、貯金に回せるほどの利益を得られています。非常に安全性の高い経営状態です。

> ポイント
> **④** 「借入金」の文字がどこにもないね

一貫して無借金経営のため、返済に追われたり、支払利息で利益が圧迫されることもありません。浮き沈みの激しいゲーム業界ですが、財務基盤がしっかりしているので、業績が悪いときでも研究開発に投資できるのが最大の強みです。

# レオパレス21の 貸借対照表を見てみよう

創業は1973年。1985年に都市型アパート「レオパレス21」の販売を開始。以降、物件の建設から借上・管理までを行う賃貸開発事業で成長してきましたが、2018年の施工不良物件の発覚から業績は悪化しています。グループ会社全体の貸借対照表（連結貸借対照表）を見てみましょう。

## 連結貸借対照表 ※連結決算書の詳しい説明はP170へ。

（単位：百万円）

| 資産の部 | 2019年3月期 | 2020年3月期 | 負債の部 | 2019年3月期 | 2020年3月期 |
|---|---|---|---|---|---|
| **流動資産** | | | **流動負債** | | |
| 現金及び預金 | 84,536 | 60,501 | 買掛金 | 4,037 | 3,376 |
| 売掛金 | 6,908 | 7,260 | 短期借入金 | 1,070 | 847 |
| 有価証券 | 1,254 | 5,951 | 補修工事関連損失引当金 | 50,707 | 8,302 |
| 販売用不動産 | 1,027 | 1,189 | その他 | 85,946 | 77,475 |
| 仕掛販売用不動産 | 5,554 | 2,797 | 流動負債合計 | 141,765 | 90,006 |
| その他 | 11,615 | 10,766 | **固定負債** | | |
| 貸倒引当金 | △142 | △164 | 長期借入金 | 18,318 | 15,650 |
| 流動資産合計 | 110,757 | 88,304 | 補修工事関連損失引当金 | — | 47,945 |
| **固定資産** | | | その他 | 50,364 | 41,757 |
| 有形固定資産 | | | 固定負債合計 | 68,687 | 105,357 |
| 建物及び構築物（純額） | 40,542 | 23,863 | **負債合計** | 210,452 | 195,363 |
| 機械装置及び運搬具（純額） | 11,185 | 9,798 | 純資産の部 | | |
| 土地 | 49,221 | 36,893 | **株主資本** | | |
| その他（純額） | 22,264 | 14,977 | 資本金 | 75,282 | 75,282 |
| 有形固定資産合計 | 123,215 | 85,534 | 資本剰余金 | 45,148 | 45,148 |
| 無形固定資産 | 9,575 | 5,504 | 利益剰余金 | △38,635 | △118,874 |
| 投資その他の資産 | 47,914 | 17,385 | 自己株式 | △655 | △473 |
| | | | 株主資本合計 | 81,140 | 1,083 |
| | | | その他の包括利益累計額 | △224 | 220 |
| | | | 新株予約権 | 404 | 269 |
| 固定資産合計 | 180,705 | 108,424 | 非支配株主持分 | 17 | 16 |
| 繰延資産 | 327 | 224 | **純資産合計** | 81,338 | 1,589 |
| **資産合計** | 291,790 | 196,953 | **負債純資産合計** | 291,790 | 196,953 |

ポイント①
ポイント②
ポイント③
ポイント④

純資産が非常に少ない……

2020年を図解化！

| 流動資産 883億円 | 流動負債 900億円 |
|---|---|
| 固定資産 1084億円 | 固定負債 1053億円 / 純資産 15億円 |

百万円未満切り捨て。内訳の計と合計が一致しない場合がある。

# ガクッと業績不振に。苦しい資金繰り

**ポイント①** 流動資産より流動負債が多いバランスだね……。

2019年も2020年も、流動負債が流動資産を上回るバランスに。これは、1年以内に現金化できる資産よりも、1年以内に返さなければならない負債が多いということ。1年後に支払いができなくなる危険性があります。

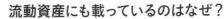

**ポイント②** 不動産が、流動資産にも載っているのはなぜ？

不動産業では販売目的の不動産は「商品」なので、流動資産として計上されます（P85）。会社のオフィスや設備など、販売目的でないものは固定資産となりますが、商品として売ることになれば流動資産に振り替えられます。

**ポイント③** 純資産が約813億円から約15億円に激減

負債と純資産のバランスが、非常に悪い状態。資本金や資本剰余金を、利益剰余金のマイナスでほとんど失ってしまっています。この後、さらに財務状況は悪化し、2020年6月に負債が資産を上回る「債務超過」に陥りました。

**ポイント④** 「補修工事……」というのは、施工不良のニュース関連？

施工不良物件の補修工事については「補修工事関連損失引当金」として、流動負債・固定負債それぞれに計上され、合計約562億円にのぼっています。

日本企業でも200社以上が適用中

# もっと知りたい「IFRS」

上場企業は、IFRS（国際会計基準）の適用が任意で認められています。海外展開を進める企業を中心に、IFRSを適用する企業が増えてきています

## ■IFRSを適用するメリット

| 世界共通だから、海外企業との比較が簡単！ | 海外投資家に株を購入してもらえるチャンスが増える | 海外に子会社がある場合、連結決算書の作成が効率的に |
|---|---|---|

## ■日本会計基準とIFRSの主な違い

| 日本会計基準 | | IFRS |
|---|---|---|
| 経常損益と特別損益の区分あり | 段階損益の表示 | 経常損益と特別損益の区分なし |
| 細則主義<br>詳細なルールを定めておく | ルールの決め方 | 原則主義<br>基本的な枠だけ定め、判断をゆだねる |
| 収益費用アプローチ<br>「収益ー費用＝利益」と考え、損益計算書の利益を重視 | 利益の考え方 | 資産負債アプローチ<br>前期からの純資産の増減を利益と考え、貸借対照表を重視 |
| 取得原価評価<br>取得した時の価額で評価 | 重視される資産の評価方法 | 公正価値評価<br>時価や使用価値で評価 |
| 償却する | のれん | 償却しない |

## PART $4$

お金の増減を追いかける

# キャッシュフロー 計算書

本当に持っている
キャッシュはいくら？

PART4では、1年間の
キャッシュの出入りを示す
「キャッシュフロー計算書」を紹介。
会社のお金の
動きを見てみましょう

# 計算と現実のズレを見逃すな！

フムフム…

キャッシュフロー計算書でわかること

# ごまかしのきかない
# お金の増減をチェック

損益計算書や貸借対照表ではわからない
“お金の動き”を追うのがキャッシュフロー計算書です。

お金の動きを追いかけた報告書が、キャッシュフロー計算書です。会計期間に、キャッシュがどんな活動によっていくら増減したかわかります。
まずは、下の問題を見てみましょう

## 問題 資金繰りが危ないのはどっち?

＊記載されていない資産や負債などは、ないものとして考えてください。

**A社**

5/1　現金 **100万円**

5/15　仕入 **150万円**（支払いは6月末）

6月　売上 **200万円**（入金は7月10日）

**B社**

5/1　現金 **200万円**

5/15　仕入 **150万円**（支払いは6月末）

6月　売上 **0円**

B社は売上ゼロ!?
これじゃあB社が
アブない感じ……

**答え**

じつは**A社**こそ
倒産の危機にあります

**A社**　6月末　仕入代**150万円**の
　　　　　　　　支払い

そのとき……

売上200万円の入金は7/10。現金
100万円では、50万円足りない。

## 利益が出ているのに
## 支払いができない
（黒字倒産の危機！）

**B社**　6月末　仕入代**150万円**の
　　　　　　　　支払い

そのとき……

売上0円だけど、現金は200万円
あるから150万円は支払える。

## 利益が出ていないけど
## 支払いができる
（ただしこのまま売上が上がらない
と倒産の危機）

利益が出ていなくても倒産しない会社がある一
方、利益が出て黒字なのに倒産してしまう会社
もあるんですね〜

これは、損益計算上の利益と、実際のキャッシュ
の増減とのズレが原因です。会計では、"お金の
増減がなくても「収益」や「費用」を計上するルー
ルがある"って覚えていますか？（P40）

ツケで売買する「売掛金（P77）」や「買掛金（P87）」、
実際にはお金が増減しないのに見積もりで計上す
る「引当金（P87）」などですね

そうです！ こうしたズレを見逃さないためには、
お金の動きに注目することが必要です。そのため
に、「キャッシュフロー計算書」があるんです！

## ■キャッシュがないと、会社は危機に陥る

　必要な資産は会社によって違いますが、どんな会社にも欠かせないのが、お金です。**会計用語では「キャッシュ」といい、現金・預金、現金同等物を指します**。現金同等物とは、価格変動のリスクが小さく、すぐに換金できるものを指し、満期が3カ月以内の定期預金や公社債投資信託などがあります。

　会社にキャッシュがなければ仕入れの支払いもできませんし、給料も払えません。支払手形の不渡りを出せば、倒産の危険性も。でも、**キャッシュの実態は、損益計算書や貸借対照表ではわからないのです**。そこで、キャッシュの動きを追うのが「キャッシュフロー計算書」。上場企業などに作成が義務付けられています。

## 3つの活動に分けて計算

キャッシュフロー計算書では、会社の活動を「営業活動、投資活動、財務活動」の3つに分けて、お金の動きを追います。3つの合計額がプラスなら、それが1年間で増えたお金、マイナスなら1年間で減ったお金を表します。

### 営業活動によるキャッシュフロー
本来の営業活動で、現金がどの程度増減したかわかる

＋

### 投資活動によるキャッシュフロー
将来に向けた投資で、現金がどの程度増減したかわかる

＋

### 財務活動によるキャッシュフロー
資金の調達と返済で、現金がどの程度増減したかわかる

＝

## 1年間のお金の増減額

これをキャッシュフロー計算書で表すと右のようになります

# キャッシュフロー計算書 C/S

営業CF…    投資CF…    財務CF…

（自 ○年○月○日　至 ○年○月○日）

（単位：百万円）

| 営業活動によるキャッシュフロー | |
|---|---|
| 税引前当期純利益 | 500 |
| 減価償却費 | 100 |
| 貸倒損失 | 50 |
| 固定資産売却損益（△は益） | △54 |
| 貸倒引当金の増減額（△は減少） | 10 |
| 受取利息及び受取配当金 | △3 |
| 支払利息 | 5 |
| 売上債権の増減額（△は増加） | 60 |
| 棚卸資産の増減額（△は増加） | 100 |
| その他の流動資産の増減額（△は増加） | △15 |
| 仕入債務の増減額（△は減少） | △80 |
| その他の流動負債の増減額（△は減少） | 28 |
| 小計 | 701 |
| 利息及び配当金の受取額 | 2 |
| 利息の支払額 | △4 |
| 法人税等の支払額 | △100 |
| 営業活動によるキャッシュフロー | 599 |
| **投資活動によるキャッシュフロー** | |
| 有価証券の取得による支出 | △10 |
| 有価証券の売却による収入 | 5 |
| 有形固定資産の取得による支出 | △10 |
| 有形固定資産の売却による収入 | 175 |
| 投資活動によるキャッシュフロー | 160 |
| **財務活動によるキャッシュフロー** | |
| 短期借入れによる収入 | 21 |
| 短期借入金の返済による支出 | △150 |
| 配当金の支払額 | △100 |
| 財務活動によるキャッシュフロー | △229 |
| 現金及び現金同等物の増加額・減少額（△） | 530 |
| 現金及び現金同等物の期首残高 | 1,270 |
| 現金及び現金同等物の期末残高 | 1,800 |

営業
キャッシュフロー

△がついている
のはキャッシュ
が出ていった
ということね

投資
キャッシュフロー

財務
キャッシュフロー

当期のキャッシュ
増加額

期末のキャッシュ
残高

C/S ▶ P111

営業キャッシュフロー

# しっかり稼いで
# プラスがよい会社

まずは、営業キャッシュフローを見てみましょう。
営業活動のほかに、投資や財務に当てはまらない
増減額も、ここに含まれてきます

## ■本来の事業で得た現金はいくら?

　本業でどのくらいキャッシュを生み出したかを表すのが、「営業キャッシュフロー」です。会計上の損益とお金の出入りにはズレが生じますが、営業キャッシュフローでは、どんな活動でいくらお金が動いたのかが、はっきりわかります。表示方法には、収入と支出を総額で示す「直接法」と、税引前当期純利益(P56)に必要な調整を加えて示す「間接法」があり、ほとんどの会社は間接法です。創業まもない会社では営業キャッシュフローがマイナスになることもありますが、基本はプラス。本業でしっかりキャッシュを生み出せていれば、資金繰りは安定しますし、設備投資や商品・製品の開発研究にも回せます。さらに余裕があれば、借入金を返済したり、株主に配当金も出せるでしょう。**営業キャッシュフローが多ければ多いほど、健全な会社経営が可能になるのです。**

### プラス/マイナスをチェック!

**プラス**
**＋のとき**

● 本業からしっかりと現金を生み出している。多いほどよい。
● 投資CFや財務CFにお金を回すことができる。

**マイナス**
**━ のとき**

● 本業から現金を生み出せていない。
● 創業まもない会社を除いて、マイナスは危険信号。

# 営業キャッシュフロー（間接法）を見ると……

| 営業活動によるキャッシュフロー | | |
|---|---:|---|
| 税引前当期純利益 | 500 | … ❶ |
| 減価償却費 | 100 | … ❷ |
| 貸倒損失 | 50 | |
| 固定資産売却損益（△は益） | △54 | … ❸ |
| 貸倒引当金の増減額（△は減少） | 10 | … ❷ |
| 受取利息及び受取配当金 | △3 | … ❹ |
| 支払利息 | 5 | |
| 売上債権の増減額（△は増加） | 60 | |
| 棚卸資産の増減額（△は増加） | 100 | |
| その他の流動資産の増減額（△は増加） | △15 | … ❺ |
| 仕入債務の増減額（△は減少） | △80 | |
| その他の流動負債の増減額（△は減少） | 28 | |
| 小計 | 701 | |
| 利息及び配当金の受取額 | 2 | |
| 利息の支払額 | △4 | … ❻ |
| 法人税等の支払額 | △100 | |
| 営業活動によるキャッシュフロー | 599 | … ❼ |

❶損益計算書の「税引前当期純利益（P56）」をもとに、以下各項目の増減を調整していく

❷実際には減っていないお金を加え戻す

❸実際には増えていないお金を差し引く

❹営業活動以外のお金の動きを加算・減算する

❺計算上の利益と、キャッシュとのズレを調整する

❻営業、投資、財務のどれにも当てはまらない動き

たくさんの項目が並んでいますが、いちばん下の「営業活動によるキャッシュフロー」（❼）がプラスかマイナスかを見ればOKです！

❺を見ると、たとえば売上債権（うりあげさいけん）が減って現金が増えているし、仕入債務（しいれさいむ）（いわば借金）が減って現金が減っていますよね？　混乱します……

簡単に整理してみましょう！　売上債権が減った（＝債権を回収した）ということは、現金を受け取ったことを示すから、現金は増加します。
仕入債務も同様に、債務を返済したことでその分の現金が減少した、というわけです

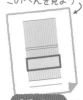

このへんを見よう

C/S ▶ P111

投資キャッシュフロー

# 成長するためには マイナスがベター

投資キャッシュフローの投資って、株式投資の話ですか？

それもありますが、**資産活用の投資**のほか、今後の発展のために行う**設備投資**によるお金の出入りがまとめられています

## ■積極的に投資していることが望ましい

投資キャッシュフローの「投資」には、2つの意味があります。1つは、会社の設備や機械を新しくする設備投資。もう1つは、株などを売買する財テクです。どちらにしても投資活動をすれば、お金は出ていきますから、投資キャッシュフローはマイナスになります。しかし、会社にとって投資活動、とくに設備投資は欠かせないもの。古びた設備や機械を使い続けていては、さらなる成長は望めません。**投資キャッシュフローはマイナスが基本**と覚えてください。

## プラス/マイナスをチェック！

###  のとき
プラス

- 投資用の不動産や、事業用不動産などを売却して、お金を得た。
- 投資用の有価証券などを売却して、お金を得た。

### ━━ のとき
マイナス

- 工場や店舗を増やすなど、固定資産を購入して、お金を支払った。
- 投資用の有価証券や、関連会社の株式を取得して、お金を支払った。

## 投資キャッシュフローを見ると……

| 投資活動によるキャッシュフロー | |
|---|---|
| 有価証券の取得による支出 | △10 |
| 有価証券の売却による収入 | 5 |
| 有形固定資産の取得による支出 | △10 |
| 有形固定資産の売却による収入 | 175 |
| 投資活動によるキャッシュフロー | 160 |

…❶
…❷

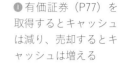
❶ 有価証券（P77）を取得するとキャッシュは減り、売却するとキャッシュは増える

❷ 固定資産（P80）を取得するとキャッシュは減り、売却するとキャッシュは増える

考えよう！

## ➕のときは、理由を探る

業績不振による資金不足のために、固定資産を売却した可能性も。損益計算書や貸借対照表で本業の利益や資産と負債の増減をチェックして。

投資CFがプラスのときは、その理由を調べましょう！

○ 高値で売れるから売却？

▲ 資金不足でお金を得るために売却？

○ 業種転換のために売却？

会社

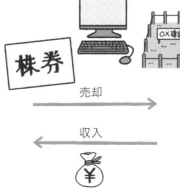

株券

売却

収入

このへんを見よう

C/S ▶ P111

財務キャッシュフロー

# 借りて返す、
# その背景に注目！

借金は、ないほうがいいはずだから、マイナスが◎ですよね？

そうとも限りません。投資を積極的に行っていれば、借金が有効なケースもあります

## ■借りたお金と返したお金、どっちが多い？

財務キャッシュフローは、主に借金に関するキャッシュの動きを表します。借金というとマイナスのイメージですが、**借金をすると"お金は入ってくる"**ので、**財務キャッシュフローは「プラス」、返済すれば"お金は出ていく"**ので、**財務キャッシュフローは「マイナス」**となります。実際のお金の動きで見ましょう。社債や株式、配当金などのキャッシュの出入りもここに計上されます。

借入金があっても、設備投資に使うのか、運転資金に使うのかでは、経営状態は大きく違います。使いみちを、営業キャッシュフローや投資キャッシュフローで見てみましょう。借りたお金を返していれば、その出どころも確認します。

### プラス/マイナスをチェック！

**プラス**
**＋のとき**

● 返済額や配当で出ていくお金より、借りて入ってくる金額が大きい。

**マイナス**
**－のとき**

● 借りているお金より、返済額や配当で出ていくお金のほうが大きい。

## 財務キャッシュフローを見ると……

| 財務活動によるキャッシュフロー | |
|---|---|
| 短期借入れによる収入 | 21 |
| 短期借入金の返済による支出 | △150 |
| 配当金の支払額 | △100 |
| 財務活動によるキャッシュフロー | △229 |

❶ 資金調達でお金を借りると増え、借入金を返済すると減る

❷ 株主に配当金を支払うとキャッシュは減る

短期借入金でも長期借入金でも
どんな中身か調べてみよう

借入金
▶P87、89

### 借入金についての記載

上場企業の決算書には、借入金について詳しく説明された「借入金等明細表」が付属する。「短期借入金、長期借入金の区分」「借入金の平均利率」「借入金の返済期限」などをチェック。

考えよう！

**＋のときは、営業CF＆投資CFを見る**

財務キャッシュフローがプラスのときは、借入でお金が増えたとき。ほかの2つのキャッシュフローと合わせて、お金の動きを考えてみよう。

### 財務CFが＋のとき

営業CF ＋
投資CF －　➡

### 積極投資している？

本業は順調。さらなる成長に向けた投資活動も積極的に行っており、不足する資金を借入金で調達している状態。成長期の会社なら営業キャッシュフローがマイナスのこともあるが、数年は経過を見て。

営業CF －
投資CF ＋　➡

### 資金繰りに困っている？

本業が不調。投資キャッシュフロー・財務キャッシュフローともにプラスなので、固定資産の売却と借入金で、本業の赤字を穴埋めしていると見られる。資金繰りが悪化していて、不安定な経営状態。

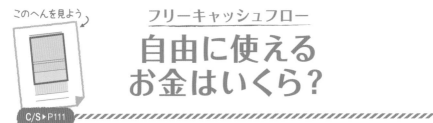

このへんを見よう

C/S ▶ P111

## フリーキャッシュフロー
# 自由に使える
# お金はいくら?

営業・投資・財務のキャッシュフローを見るほか
に、もう1つ注目したいのが「フリーキャッシュ
フロー」です

フリーってことは、無料なんですか?

いえいえ。無料ではなく、"自由に使えるお金"
のことです。借りたお金や必要不可欠なお金を除
いた、使いみちを自由に決められるお金のことを
いいます

### 📖 自由に使えるお金=フリーキャッシュフロー

　あなたの財布の中に10万円入っていても、1万円は借りたお金で、6万円は
家賃として必要ならば、自由に使えるお金は3万円ということになりますね。

　それと同じように、会社が自由に使えるお金を示したのが、「フリーキャッシュ
フロー(FCF)」です。計算方法はいくつかありますが、ここでは営業キャッシュ
フローから、借入金や会社の存続のために最低限必要な支出を除いた「営業
キャッシュフロー+投資キャッシュフロー」という式で求めます。**フリーキャッ
シュフローが多ければ、借入せずに会社の成長に投資できます。**マイナスなら、
ほかからお金を調達しなければなりません。ただ、成長期で設備投資が多い会
社は借入金も多く、マイナスになりがち。**会社の成長段階と照らし合わせて見
ていきます。**

## 【計算式】

$$\underset{\text{フリー}}{\text{キャッシュフロー}} = \underset{(\to P112)}{\underset{\text{営業}}{\text{キャッシュフロー}}} + \underset{(\to P114)}{\underset{\text{投資}}{\text{キャッシュフロー}}}$$

例              （単位：万円）

●キャッシュフロー計算書の要旨

| | |
|---|---|
| 営業キャッシュフロー | 3,500 |
| 投資キャッシュフロー | △1,900 |
| 財務キャッシュフロー | 800 |
| 期末残高 | 2,400 |

3,500 ＋ △1,900 ＝ 1,600

期末残高は2,400万円だったが、自由に使えるフリーキャッシュフローは1,600万円。

**より正確な計算方法もある**

　正確には、「営業キャッシュフロー」から、「最低限必要な設備投資額」「安定配当支払額（業績にかかわりなく支払う配当金）」「事業継続に必要な有価証券投資額」の3つを差し引いて求めます。

考えよう！

## フリー CF から見える経営方針は？

　積極的投資を行うか、まずは借金を返済するか。株主への還元も大事ですし、手元に残すという手もあり。フリーキャッシュフローの使い方で、会社の経営方針が見えてきます。

**積極的投資**
➡事業のさらなる拡大？

フリー CF の
使い道

**資金を残す**
➡リスクへの備えや将来の蓄え？

**特別配当や自社株の買い取り**
➡リターンを期待する株主に還元？

**借金の返済**
➡財務状況の健全化？

フムフム...

# 3つのキャッシュの +/－をチェック

キャッシュフロー計算書の3つの区分が理解できたら、
3つのキャッシュフローを総合的に分析してみましょう。

注目!

## 営業・投資・財務の＋/－を見比べる

3つのキャッシュフローのプラスとマイナスの組み合わせから、経営状態が判断できます。主な6パターンを紹介します。まず営業キャッシュフローがプラスかマイナスかを見て、当てはまるか見ていきましょう。

## パターンをチェック

| 営業CF | 大幅プラス ＋ | 大幅プラス ＋ | 大幅プラス ＋ |
|---|---|---|---|
| 投資CF | マイナス － | マイナス － | プラス ＋ |
| 財務CF | マイナス － | プラス ＋ | マイナス － |
| | ↓ | ↓ | ↓ |

### ❶優良企業タイプ

本業で十分な稼ぎがあり、それを投資活動に積極的に回している。財務キャッシュフローがマイナスなので、借入金も返済していると考えられる優等生タイプ。数年間この傾向が続けばベスト。

### ❷積極投資タイプ

本業は順調。財務キャッシュフローがプラスなので、借入金がある。投資キャッシュフローがマイナスになっていることから、借入金を使って積極的な投資活動を行っている可能性がある。

### ❸借金返済タイプ

投資キャッシュフローがプラス、財務キャッシュフローがマイナスなので、固定資産を売却して借入金を返済。財務状況を改善しているところと考えられる。本業は順調なので今後に期待。

注目!

## 最下段の1行で、残高を確認する

キャッシュフロー計算書の最下段の「期末残高」は、会社にあるすべてのキャッシュの残高です。この期末残高から「期首残高」を差し引いたのが、当期中の「増減額」。**増減額はプラスが望ましいです。**

## キャッシュフロー計算書 C/S

(単位:百万円)

C/S
▶P111

| | |
|---|---|
| 現金及び現金同等物の増加額・減少額(△) | 530 |
| 現金及び現金同等物の期首残高 | 1,270 |
| 現金及び現金同等物の期末残高 | 1,800 |

期末残高は、貸借対照表(たいしゃくたいしょうひょう)の「現金・預金」(P77)と近い金額になるのが一般的です

| マイナス — | マイナス — | 大幅マイナス — |
|---|---|---|
| マイナス — | プラス ✚ | プラス ✚ |
| プラス ✚ | マイナス — | プラス ✚ |
| ↓ | ↓ | ↓ |

### ❹資金調達タイプ

投資キャッシュフローがマイナス、財務キャッシュフローがプラスなので、借入金で投資活動を行っていると考えられる。うまくいかなければ、本業も不振なので、一気に倒産する危険性もある。

### ❺資産売却タイプ

本業で稼げていないのに、借入金を返済している状態。投資キャッシュフローがプラスなので、資産を売却したお金を運転資金や返済に充てていると考えられる。資金繰りが悪化した危険な状態。

### ❻倒産寸前タイプ

本業の業績は最悪。投資キャッシュフローと財務キャッシュフローがプラスなので、固定資産の売却と借入金でギリギリもっている状態。切り売りする資産や手元の現金がなくなれば倒産へ。

# 東日本旅客鉄道の
# キャッシュフロー計算書を見てみよう

日本国有鉄道から鉄道事業を引き継いだJRグループの1つで、通称JR東日本。1都16県という広域エリアで鉄道事業を展開しています。巨大インフラを生かし、流通・サービス業や不動産・ホテル事業なども行っています。グループ会社全体のキャッシュフロー計算書（連結キャッシュフロー計算書）を見てみましょう。

## 連結キャッシュフロー計算書　※連結決算書の詳しい説明はP170へ。

（単位：百万円）

| | 2018年3月期 | 2019年3月期 | 2020年3月期 | |
|---|---|---|---|---|
| **営業活動によるキャッシュフロー** | | | | |
| 税金等調整前当期純利益 | 421,594 | 428,619 | 284,174 | |
| 減価償却費 | 367,997 | 368,722 | 374,742 | |
| 受取利息及び受取配当金 | △5,019 | △5,403 | △6,151 | |
| 支払利息 | 64,733 | 62,545 | 60,785 | |
| 売上債権の増減額（△は増加） | △38,309 | △66,286 | 20,120 | |
| 仕入債務の増減額（△は減少） | 66,066 | 48,266 | △42,262 | |
| その他 | 7,457 | 10,096 | 28,481 | |
| 小計 | 884,520 | 846,559 | 719,890 | |
| その他 | △180,324 | △182,757 | △171,196 | |
| 営業活動によるキャッシュフロー | 704,194 | 663,801 | 548,692 | ポイント① |
| **投資活動によるキャッシュフロー** | | | | |
| 固定資産の取得による支出 | △578,156 | △649,037 | △703,908 | |
| 固定資産の売却による収入 | 1,987 | 4,814 | 13,776 | |
| 投資有価証券の取得による支出 | △6,850 | △7,756 | △29,540 | |
| その他 | 41,162 | 57,553 | 18,071 | |
| 投資活動によるキャッシュフロー | △541,857 | △594,425 | △701,601 | ポイント② |
| **財務活動によるキャッシュフロー** | | | | |
| コマーシャルペーパーの増減額（△は減少） | — | — | 150,000 | |
| 長期借入れによる収入 | 154,500 | 143,000 | 129,100 | |
| 長期借入金の返済による支出 | △117,767 | △119,707 | △110,453 | |
| 社債の発行による収入 | 90,000 | 125,000 | 105,000 | |
| 社債の償還による支出 | △159,900 | △165,000 | △125,000 | |
| 配当金の支払額 | △52,263 | △55,585 | △59,764 | |
| その他 | △49,669 | △48,400 | △45,471 | ポイント③ |
| 財務活動によるキャッシュフロー | △135,100 | △120,693 | 43,409 | |
| 現金及び現金同等物に係る換算差額 | — | △56 | △97 | |
| **現金及び現金同等物の増減額（△は減少）** | 27,236 | △51,374 | △109,595 | |
| **現金及び現金同等物の期首残高** | 287,125 | 314,934 | 263,739 | ポイント④ |
| その他 | 571 | 179 | △350 | |
| **現金及び現金同等物の期末残高** | 314,934 | 263,739 | 153,794 | |

百万円未満切り捨て。内訳の計と合計が一致しない場合がある。

## 電車を安全に走らせるため、しっかり投資！

**ポイント①** 営業CFは、前年より減ったけどプラスだね

鉄道は生活に欠かせないインフラなので、基本的には一定の利用者が見込め、安定して稼ぐ力があるといえます。しかし、2020年は台風や新型コロナウイルスの影響で、営業キャッシュフローが前年より約1,151億円減少しました。

**ポイント②** 投資CFは、常にマイナス。その金額も大きい

設備投資はインフラ企業にとって命綱。常に継続して行われています。有価証券報告書によると、2020年は運輸事業の安全・安全輸送対策やホームドア整備などに4,707億円、ショッピングセンターなどの建設に2,116億円の投資をしています。

**ポイント③** 財務キャッシュフローは2020年だけプラスだ

新型コロナウイルスの感染拡大に伴う利用客の急減に対応するため、「コマーシャルペーパー」を1500億円発行したからですね。これは、投資家から広くお金を集めるために発行するもの。社債より返済期限が短く、通常は1年未満です。

**ポイント④** 2020年の期末残高は、2019年より約1,099億円ほど減ったね

投資キャッシュフローのマイナスが増え、営業キャッシュフローが減ったのが大きな原因。フリーキャッシュフロー（P118）を計算すると、マイナス1,529億円ほどと、2000年からの連結決算以来、初めての赤字となりました。

PART4 ▶ お金の増減を追いかけるキャッシュフロー計算書

123

# 大塚家具の
# キャッシュフロー計算書を見てみよう

1969年創業。国内外の高級家具を中心に、大型店舗での対面販売で実績を築きました。しかし、2000年以降は業績が低迷、創業者一家の内紛でイメージもダウン。2019年からヤマダ電機の子会社として経営再建を図っています。

## キャッシュフロー計算書

(単位:百万円)

| | 2017年12月期 | 2018年12月期 | 2020年4月期 | |
|---|---|---|---|---|
| **営業活動によるキャッシュフロー** | | | | ポイント① |
| 税引前当期純損失(△) | △7,229 | △3,213 | △7,669 | ポイント② |
| 減価償却費 | 121 | 16 | 10 | |
| 投資有価証券売却損益(△は益) | △1,128 | △900 | △311 | |
| 固定資産売却損益(△は益) | 40 | △1,401 | 15 | |
| 受取利息及び受取配当金 | △49 | △19 | △5 | |
| 売上債権の増減額(△は増加) | 134 | 583 | 583 | |
| たな卸資産の増減額(△は増加) | 1,423 | 3,729 | 1,373 | |
| 仕入債務の増減額(△は減少) | △822 | △964 | 397 | |
| その他 | 2,683 | △426 | △1,306 | |
| 小計 | △4,825 | △2,596 | △6,909 | |
| その他 | 40 | △12 | △58 | |
| 営業活動によるキャッシュフロー | △4,785 | △2,608 | △6,968 | ポイント② |
| **投資活動によるキャッシュフロー** | | | | |
| 固定資産の取得による支出 | △513 | △161 | △60 | |
| 固定資産の売却による収入 | 226 | 1,506 | 17 | |
| 投資有価証券の売却による収入 | 2,848 | 1,792 | 586 | |
| その他 | 533 | △33 | 852 | ポイント③ |
| 投資活動によるキャッシュフロー | 3,094 | 3,104 | 1,393 | |
| **財務活動によるキャッシュフロー** | | | | |
| 短期借入金の純増減額(△は減少) | — | 1,170 | △596 | |
| 配当金の支払額 | △1,408 | △757 | △7 | ポイント④ |
| 自己株式の処分による収入 | 1,051 | — | — | |
| 株式の発行による収入 | — | — | 7,002 | |
| その他 | — | △214 | 149 | |
| 財務活動によるキャッシュフロー | △356 | 197 | 6,549 | |
| 現金及び現金同等物の増減額(△は減少) | △2,047 | 694 | 974 | |
| 現金及び現金同等物の期首残高 | 3,853 | 1,806 | 2,501 | |
| 現金及び現金同等物の期末残高 | 1,806 | 2,501 | 3,475 | |

※百万円未満切り捨て。内訳の計と合計が合わない場合がある。

# お金のやりくりで営業赤字を埋める

 **ポイント ❶ 決算期の変更に注意しましょう**

2020年は決算期が4月に変更になっています。2017年と2018年は1年間の決算ですが、2020年は1年4ヵ月分の決算となります。決算書を見るときは、決算期の変化にも気をつけてください。

**ポイント ❷ 営業CFはマイナス続きですね**

2020年の営業キャッシュフローは、マイナス69億円。税引前当期純損失が76億円以上と、本業でまったく利益を出せていません。有効な経営改善策が打てず、新型コロナウイルスの影響もあり、キャッシュの流出が加速しています。

**ポイント ❸ 2020年の投資CFは 例年に比べて金額がぐっと減ったよ**

営業キャッシュフローのマイナスを穴埋めするために、資産を売っている状態。2017年、2018年は30億円ほど計上されていますが、2020年は半分以下に減っています。売却できる資産がなくなりつつあるのかもしれません。

**ポイント ❹ 2020年の財務CFを大きく増加させた 「株式の発行」って何?**

株式の発行による収入は約70億円ありますが、ヤマダ電機の子会社化に伴って得たものです。業績悪化で銀行からの長期借入金が受けられず、いわば"身売り"をして資金を調達したもの。経営再建に向けて厳しい道が続きます。

「利益」や「現金」でつながっている！

# 3つの報告書の関係は？

損益計算書、貸借対照表、
キャッシュフロー計算書の3つの報告書は、
お互いに連動しています。つながりを見ていきましょう

## つながり❶
### 損益計算書と貸借対照表

　損益計算書の「当期純利益」から、株主への配当金を支払うなどした後の残りの金額が、貸借対照表の純資産にある「利益剰余金」に組み込まれます。損益計算書では、当期で稼ぎ出した純粋な利益として示され、貸借対照表では、事業を継続していくための"純粋な財産"として示されているのです。

## つながり❷
### 損益計算書とキャッシュフロー計算書

　損益計算書の「税引前当期純利益」は、キャッシュフロー計算書における「営業活動によるキャッシュフロー」の最初の項目として記載されます。

　ここからさまざまなキャッシュの増減について調整を加えることで、営業活動によるキャッシュフローを計算していきます。

## つながり❸
### キャッシュフロー計算書と貸借対照表

　キャッシュフロー計算書の下のほうにある「現金及び現金同等物の期首残高」と「現金及び現金同等物の期末残高」は、その時点で会社にある現金及び現金同等物のことを意味します。これは、貸借対照表の流動資産にある、「現金及び預金」へとつながっていて、一般的に両者は、近い金額になります。

# 3つの報告書は、つながっている

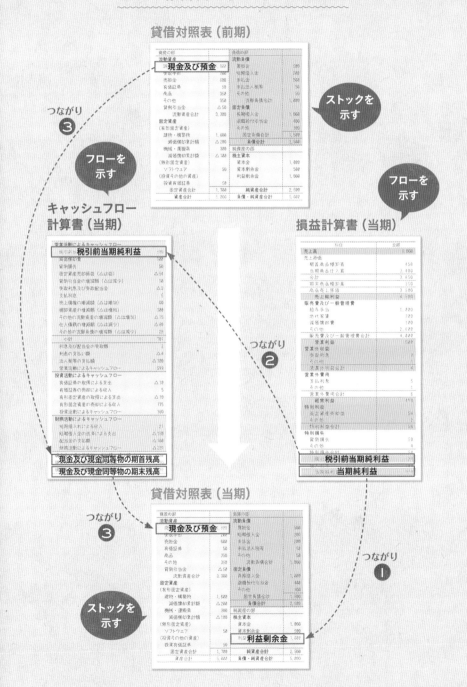

## 貸借対照表（前期）

ストックを示す

フローを示す

## キャッシュフロー計算書（当期）

フローを示す

## 損益計算書（当期）

つながり③

つながり②

つながり①

つながり③

## 貸借対照表（当期）

ストックを示す

COLUMN 5

ビジネスにも投資にも役立つ！
# 有価証券報告書の読み方は？

有価証券報告書は、損益計算書などの計算書類のほかに、
さまざまな情報が1つにまとまっています。
目次を見てみましょう

第○期 有価証券報告書 　―目次―

## ■ 事業報告書に近い内容

会社の沿革や事業内容、経営方針、経営者による財政状態や経営成績などの分析、研究開発活動などについて、文章で記される。いわゆる「事業報告書」に近い内容。

## ■ 株主資本等変動計算書

純資産の各項目が、期首から期末まででどのように増減したかが記されている。

## ■ 注記事項（注記表）

計算書類の後ろに記される、補足事項をまとめた注意書き。注記表として個別で作成される場合と、各書類の下に注記事項としてまとめられる場合がある。

## ■ 附属明細表

有価証券や固定資産、引当金、社債などの明細や残高のほか、関係者との取引に関する注記などが記載される。会社法に基づく計算書類の「附属明細書」に近い内容。

資産、負債、純資産を縦に並べた「報告式」で記される。内容や読み方は、勘定式と変わらない（P73）。

盛りだくさん
だワン

## PART 5

“比率”を使うともっとわかる

# 分析指標の
# パターン＆コツ

経営分析は、そんなに
難しくない

PART5では、会社の
稼ぐ力や、支払い能力を
見るための方法を
わかりやすく紹介します

# 気になる視点から分析

これまで紹介した「損益計算書」「貸借対照表」「キャッシュフロー計算書」の3つに出てくる数字そのものをじっくりと見ていくことを「実数分析」といいます

売上高

2017　2018　2019　2020　2021

何か問題があれば、数字の動きに違和感が出てきます

過去と比べて急増急減した数字や、利益が増えたのに現金が減るなどの矛盾を発見したら、理由を考えていきましょう

どうした?!
何があったんだ?

売上高

再び上がった
ガクンと下がった

2017　2018　2019　2020　2021

一方、他社との比較には、決算書の数字を使って計算した比率（経営指標）を見る「比率分析」が向いています

うむ

$$\frac{当期純利益}{総資産} = \bigcirc\%$$

A社 ROA 7%
B社 ROA 3%

131

# 数字を組み合わせると経営状態がもっとわかる

決算書の数字そのものを見る「実数分析」に対して、
さまざまな比率を計算して比べる「比率分析」もあります。

数年分の決算書の数字を見比べると、その会社が
どう変化してきたかといった、中長期の傾向など
が読み取れることは、わかってきましたか？

はい！　ライバルや業界平均と比べることで、
その会社の立ち位置もわかるんですよね！

分析の基本
▶P31

そうです！　次は、数字を組み合わせて比率を計算
する「分析指標」を紹介します。収益性や安全性
など分析目的に応じた、多彩な指標がありますよ

へ〜！　指標を使って、複数の会社の収益性や
安全性の高さを見比べたら、面白そう！

## ■分析指標と多彩な情報を組み合わせて考える

　損益計算書、貸借対照表、キャッシュフロー計算書などの数字を組み合わせて比率（「経営指標」という）を計算する分析方法を「比率分析」といいます。「もうかっている？」「倒産しない？」など、知りたいことを、右ページのような視点から分析でき、複数の会社を比較するときにとくに有効です。

　ただし、経営指標だけで分析はできません。視野を広げ多彩な情報を集め、決算書の数字や経営指標と合わせ見て、数字の背景を考えることが重要です。

## 目的に応じて経営指標を使い分ける

誰が、どんな目的で決算書を見るかによって、重視するポイントは異なります。ここでは下の5つの視点で、分析指標を紹介します。

もうかっている？

### 収益性

会社の稼ぐ力を示す。売上や資産に対して、どれだけもうけたかを見る。とくに投資家や金融機関が注目。
▶P134〜

会社

倒産しない？

### 安全性

資金の調達と運用のバランスや、資金繰りに問題がないかを見る。とくに金融機関や取引先が注目。
▶P152〜

### 効率性

資産をどれだけ有効活用して稼いだか示す。経営者や株主がとくに注目。
▶P146〜

### 生産性

従業員や設備が、どれだけ利益に貢献したかを示す。とくに経営者が注目。
▶P160〜

### 成長性

今後、業績を伸ばしていくか、将来性を示す。とくに投資家が注目。
▶P164〜

収支トントンをさぐる「損益分岐点分析（そんえきぶんきてんぶんせき）」も紹介します
▶P166〜

One Point!

## 2つのコツで、分析上手に

● 金額はざっくりと見る　● 大きなところから見る

決算書はざっくりと読むことが肝要です。金額なら、「2,503百万円」を「25億円」など、大雑把にとらえれば十分。数多くの項目も、貸借対照表なら「資産」「負債」「純資産」など大きなところを見てから、徐々に細かく見ていきます。

増収なら「値上げ or 販売数の増加」など、数字を分解して考える発想が、分析上手への近道です。

## 収益性チェック①
# 売上に対して
# 利益は何%?

P/L ▶ P39

売上高も利益も増えているから大丈夫とはいえません。
数値ではなく、比率で見ていきましょう。

問題です! 商売上手な会社はどっちでしょう?

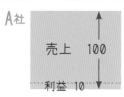

A社　売上 100　利益 10

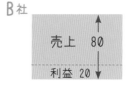

B社　売上 80　利益 20

B社じゃないかな?　売上はA社が多いけど、
利益が多いのはB社だもの

正解! 売上に対する利益の割合を見ると、A社は
10%、B社は25%ですね。こうした収益性がわか
る比率（指標）を「売上高利益率」といいます

■利益率が高いほど、もうかる商売をしている

　会社がもうかっているかどうかは、売上高や利益を見ればわかります。しか
し、売上高の大きい会社ほどもうかっているとは限りません。費用がかさんで、
思うように利益が出ていないことも。そこで大切なのが、売上高に対する利益
の割合を見ることです。この**「売上高利益率」が高いほど、利益を稼ぎ出す力
が強い、つまり「収益性」が高い**といえます。業界内での立ち位置の把握や、
規模の違う会社同士の比較にも役立ちます。

# 売上高利益率は、5種類ある

損益計算書には5つの利益が示されています。各利益を売上高で割ると、それぞれの利益率が出ます。ここでは「売上高総利益率」「売上高営業利益率」「売上高経常利益率」（❶～❸）を見ていきましょう。

もうけるしくみはさまざま。同じ業種や業態で比べましょう。右の「損益計算書の要旨」を例に見てみます

## ●損益計算書の要旨

| | |
|---|---|
| 売上高 | 500 |
| 売上原価 | 400 |
| 売上総利益 | 100 ❶ |
| 販管費 | 60 |
| 営業利益 | 40 ❷ |
| 営業外損益 | △10 |
| 経常利益 | 30 ❸ |
| 特別損益 | △2 |
| 税引前当期純利益 | 28 |
| 法人税等 | 13 |
| 当期純利益 | 15 |

## ❶ 売上高総利益率

売上高に占める売上総利益の割合で粗利率ともいう。売上原価を差し引いた売上総利益を売上高で割って求める。

【計算式】

$$\text{売上高総利益率} = \frac{\text{売上総利益}}{\text{売上高}} \times 100\ (\%)$$

上の例　売上高総利益率

$$\frac{100}{500} \times 100\ (\%) = \underline{20\%}$$

## ❷ 売上高営業利益率

売上高に占める営業利益の割合。本業でのもうけである営業利益を、売上高で割って求める。

【計算式】

$$\text{売上高営業利益率} = \frac{\text{営業利益}}{\text{売上高}} \times 100\ (\%)$$

上の例　売上高営業利益率

$$\frac{40}{500} \times 100\ (\%) = \underline{8\%}$$

## ❸ 売上高経常利益率

売上高に占める経常利益の割合。本業と本業以外の損益を差し引いた経常利益を売上高で割って求める。

【計算式】

$$\text{売上高経常利益率} = \frac{\text{経常利益}}{\text{売上高}} \times 100\ (\%)$$

上の例　売上高経常利益率

$$\frac{30}{500} \times 100\ (\%) = \underline{6\%}$$

いくつもの売上高利益率があるけど、どこがどう違うの？

会社の収益性を見る、という点では同じ指標です。けれど、それぞれの意味するところは、ちょっと違うんです

## それぞれの売上高利益率で何がわかる？

### 「売上高総利益率」が高いほど……

**⤷ 商品力が高い！**

売上原価への上乗せ分が多い価格で売れている、つまり、商品やサービスの高い価値が認められており、競争力もあることを意味する。ただし、業種による差が大きい。

> **高いほどよい！**
>
> **目安の数値は？**
>
> 平均で製造業は19.6％、情報通信業は30.4％、卸売業は11.4％、小売業は28.2％、飲食サービス業は48.1％。

### 「売上高営業利益率」が高いほど……

**⤷ 本業での収益性が高い！**

本業で稼ぐ力が高いことを意味する。商品の力だけでなく、販管費をコントロールでき、販売する力もある。本業でもうけるしくみがしっかり整っているといえる。

> **高いほどよい！**
>
> **目安の数値は？**
>
> 平均で製造業は4.8％（業種内のばらつきが大きい）、情報通信業は7.2％、卸売業は1.9％、小売業は2.8％。

### 「売上高経常利益率」が高いほど……

**⤷ 経営全体の収益性が高い！**

本業だけでなく、財テクや資金調達なども含めた、総合的な力が高い。売上高営業利益率に比べて大きく下回っていたら、財テクや資金調達でトラブルがあったのかも。

> **高いほどよい！**
>
> **目安の数値は？**
>
> 平均で製造業は7.3％、情報通信業は8.0％、卸売業は3.2％、小売業は3.1％、飲食サービス業は4.1％。

＊数値は「平成30年度企業活動基本調査」（経済産業省）より

考えよう!

# 売上高利益率が減った理由は?

それぞれの利益率を左右する要因を考えてみよう。「売上高総利益率」なら売上高か売上原価の増減。「売上高営業利益率」ならさらに販管費の増減、「売上高経常利益率」ならそのうえ営業外損益の増減などが要因になる。

「収益－費用＝利益」だから収益か費用、またはその両方が増減したってことよね？

もうけの計算
▶P36

## ● 売上高総利益率↘の要因は？

□ 他社との価格競争で値下げした結果、利幅が減少した？

□ 材料の値上がりなどで売上原価が上がった？

## ● 売上高営業利益率↘の要因は？

□ そもそも、売上高総利益率が下がった？

□ 広告宣伝に費用をかけたが、効果が薄かった？

□ 人件費を上げたり、賃料の高いオフィスに移った？

## ● 売上高経常利益率↘の要因は？

□ そもそも、売上高総利益率や売上高営業利益率が下がった？
□ 借入金の増加で支払利息が増えた？

One Point!
経済ニュースも要チェック!

会社の売上高や利益率は、そのときの経済の状況に左右されるものです。海外との取引が多い会社なら、円高や円安といった為替の影響も大きいもの。経済をはじめ、ニュース全般に目を通しておきましょう。合併買収や業務提携、新規参入なども、会社の売上高や利益率を左右するキーワードです。

アンテナを張って情報を集めるワン！

PART5 ▶ "比率"を使うともっとわかる 分析指標のパターン&コツ

137

P/L▶P39

B/S▶P73

## 収益性チェック②
# 全資産を使って
# 何％の利益を得た？

会社の資産が"宝の持ち腐れ"になっていては困ります。
フルに活用されているかどうかを見てみましょう。

私も 10 万円だけ投資をはじめました！　昨日付
でトータル 15 万円になったみたい！

へ、へ〜。よかったじゃん（ぼくは 40 万円投資し
て、現在トータル 45 万円だけど）……。やるね〜

……ま、もうけが出て、よかったですね！
決算分析では、かけた全元手に対して、どれだけ
もうけたか見る指標を「総資産利益率（ROA）」
といいます

■ROAが高いほど、資産に対して多くの利益を生んだ

　投資をするなら"元手は小さく、もうけは大きい"とうれしいもの。会社の
収益性も同じように考えてみましょう。"元手"は会社が持っているすべての
資産で、貸借対照表の左側の「総資産額」を使います。もうけは、損益計算書
の「当期純利益」です。当期純利益を総資産で割って 100 を掛けたものを「総
資産利益率」といい、資産をいかに有効に使ってもうけているかを表します。
たくさんの資産を持っていても、利益を生み出していなければ宝の持ち腐れに
なってしまいます。逆に、少ない資産でしっかり稼ぐことができていれば、経
営者の腕がよいといえるでしょう。ただ、鉄道業や電力業など、多くの資産を
要する業種は総資産利益率が低くなりますから、業種にも注目してください。

# ROAは、損益計算書と貸借対照表を見る

総資産利益率は英語で「Return On Assets（ROA）」といい、「資産の分の見返り」という意味。貸借対照表の右側の総資本（負債＋純資産）で求めることもあります（総資本利益率という）が、同じものと考えてOKです。

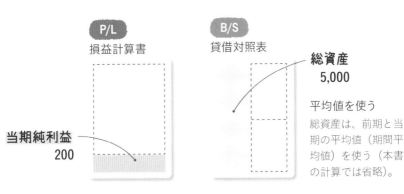

**P/L**
損益計算書

**B/S**
貸借対照表

総資産
5,000

平均値を使う
総資産は、前期と当期の平均値（期間平均値）を使う（本書の計算では省略）。

当期純利益
200

【計算式】

$$総資産利益率（ROA）＝ \frac{当期純利益}{総資産} ×100（\%）$$

[上の例]

$$\frac{200}{5,000} ×100（\%）＝ \underline{\underline{4\%}} \quad ^{ROA}$$

高いほどよい！

**目安の数値は？**

全業種の平均ROA（総資産利益率）は4％前後。製薬業では高め、鉄道業では低めなど業種による差も大きい。

同じROAでも当期純利益とは別の利益を使うこともあります

● 総資産経常
利益率（ROA）＝ $\dfrac{経常利益}{総資産}$ ×100（%）

↳ 総資産に対する経常利益の割合

## A社

●損益計算書の要旨

| | |
|---|---|
| 売上高 | 2,700 |
| 売上総利益 | 750 |
| 営業利益 | 600 |
| 経常利益 | 650 |
| 税引前当期純利益 | 640 |
| 当期純利益 | 375 |

●貸借対照表の要旨

| | |
|---|---|
| 資産 | 5,100 |
| 負債 | 1,900 |
| 純資産 | 3,200 |
| 総資本 | 5,100 |

## B社

●損益計算書の要旨

| | |
|---|---|
| 売上高 | 8,600 |
| 売上総利益 | 3,300 |
| 営業利益 | 950 |
| 経常利益 | 940 |
| 税引前当期純利益 | 900 |
| 当期純利益 | 600 |

●貸借対照表の要旨

| | |
|---|---|
| 資産 | 21,000 |
| 負債 | 15,000 |
| 純資産 | 6,000 |
| 総資本 | 21,000 |

A社のROAは
$$\frac{375}{5,100} \times 100(\%) = 約7\%$$

B社のROAは
$$\frac{600}{21,100} \times 100(\%) = 約3\%$$

**答え**

よりROAが高いのは、**A社**です

A社は、B社の約4分の1という少ない資産を
上手に活用して、堅調に利益を出しています

ちなみに、ROAの計算式を、右ページのように
分解して考えると、会社の経営分析をもっと深め
ることができます

# ＼ちょっと発展！／ ROAを分解してみよう

ROAが低い場合、計算式を下のように分解して変化させると、経営の
どこに問題があるのかを探るのに役立ちます。一見、難しそうに見え
ますが、計算結果が「1」となる「売上高／売上高」をROAの計算式
に掛けてから、計算式の中身を入れ替えているだけです。

## 【計算式】

● ROAに1（売上高／売上高＝1）を掛ける

$$ROA = \frac{当期純利益}{総資産} \times \frac{売上高}{売上高}$$

1を掛けても
答えは同じ

● 掛け算の分母を入れ替えると2つのポイントがあらわれる

$$ROA = \frac{当期純利益}{売上高} \times \frac{売上高}{総資産}$$

入れ替えても
答えは同じ

ROAが低いときは
「利益率」や
「回転率」を見て
問題がないか探るんだ！

売上高に対し、どれ
だけの当期純利益を
獲得できたかを示す
‖
## 売上高利益率
（→P134）

総資産に対し、どれ
だけの売上高を獲得
できたかを示す
‖
## 総資産回転率
（→P146）

利益率と回転率のどちらを重視するかによって、
業態の違いが出てきます。飲食業を例に見てみましょう

豪華でゆったりした店内
でフルコースを提供する
高級レストラン
↓
「利益率」を重視

安くて手早く食べられる
食事を提供するファスト
フード店
↓
「回転率」を重視

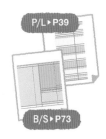

P/L ▶ P39

B/S ▶ P73

## 収益性チェック③

# 株主からのお金で
# 何％の利益を得た？

自分が出したお金が効率よく使われているかどうか
株主なら誰でも気になるものです。

次はROE（アールオーイー）という指標を見ていきましょう。経済ニュースなどで登場することが増えてきましたが、聞いたことはありますか？

株主にとって大事だと聞いたような……？
でも、どういうものかは知りません

ROEは、株主が出資したお金に対して、どのくらいの利益を上げているかを示すものです。配当金にもつながるので、株主は最も気になる指標ですね

■株主が投資をするときの指標になる

　ROAは“資産の分の見返り”を表す指標ですが、この資産のなかには、返さなくてはならないお金も含まれています。そこで、返す必要のないものだけを取り出して見返りを表したのが、「ROE（Return On Equity）：自己資本利益率（じこしほんりえきりつ）」です。返す必要のないものとは、「自己資本（P72）」のことで、ROEは、当期（とうき）純利益を自己資本で割って求めます。ROEが高ければ高いほど、自己資本を使って効率よく稼いでいることを意味します。

　当期純利益は、株主への配当金のもとにもなるので、ROEが高いほど、多くの配当金が期待できます。主に、投資家が投資先を選ぶ際の重要な指標として使われています。

# ROEも損益計算書と貸借対照表を見る

ROEは損益計算書の最下段にある「当期純利益」と、貸借対照表の「自己資本」から算出します。銀行などからの借入金は、自己資本には入りません。

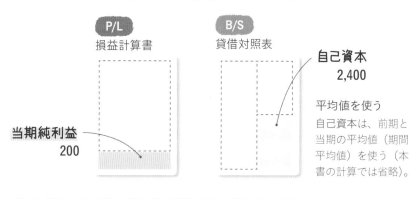

**P/L** 損益計算書

**B/S** 貸借対照表

当期純利益 200

自己資本 2,400

平均値を使う
自己資本は、前期と当期の平均値（期間平均値）を使う（本書の計算では省略）。

【計算式】

$$自己資本利益率（ROE）= \frac{当期純利益}{自己資本} \times 100（\%）$$

## 目安の数値は？

全業種平均ROEは約8％（2019年度・経済産業省）。卸売業で約10％、小売業で約7％ほど。

上の例
$$\frac{200}{2,400} \times 100（\%）= 約8.3\%$$
ROE

「自己資本」は、「純資産（P93）」のことですよね？

ROEの計算では、厳密にいうと、違うことも。
純資産のなかの「新株予約権や非支配株主持分（P96）」を含まないため、「自己資本＝株主資本（P94）＋評価・換算差額等（P96）」となります。
でも一般的に、決算情報では算出済のROEが示されますから、気にしなくて大丈夫！

ROEって ROA（P138）とよく似ていますね？

違いをわかりやすくするために、計算式を分解してみましょう

## ＼ちょっと発展！／　ROEを分解してみよう

ROEも式を分解してみましょう。ROEの計算式に、「売上高 / 売上高＝1」と「総資産 / 総資産＝1」を下のように掛けて入れ替えます。すると、ROAと「財務レバレッジ」という経営分析の新たなポイントがあらわれます。

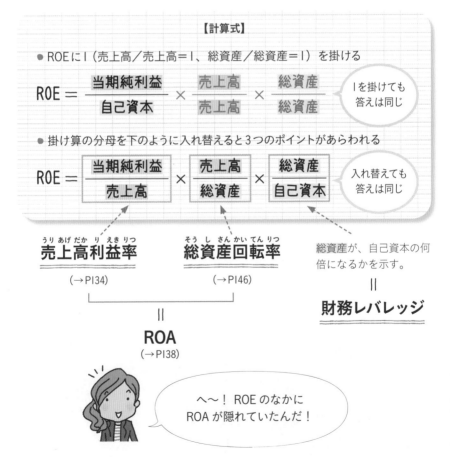

【計算式】

● ROEに1（売上高／売上高＝1、総資産／総資産＝1）を掛ける

$$ROE = \frac{当期純利益}{自己資本} \times \frac{売上高}{売上高} \times \frac{総資産}{総資産}$$

1を掛けても答えは同じ

● 掛け算の分母を下のように入れ替えると3つのポイントがあらわれる

$$ROE = \frac{当期純利益}{売上高} \times \frac{売上高}{総資産} \times \frac{総資産}{自己資本}$$

入れ替えても答えは同じ

**売上高利益率**
（→P134）

**総資産回転率**
（→P146）

総資産が、自己資本の何倍になるかを示す。
＝
**財務レバレッジ**

＝
**ROA**
（→P138）

へ〜！ ROE のなかにROA が隠れていたんだ！

ROEは、「ROA」×「財務レバレッジ」なんですね。……財務レバレッジって、何ですか？

簡単にいうと、「負債の利用度合い」。どのくらい負債に依存しているかを示す指標です

それじゃあ、ROAを上げる以外に、負債、つまり借金の割合を高めても、ROEが高まるってこと？

いい点に、気が付きましたね！ じつは「レバレッジ」とは、てこの原理を意味します。負債は、小さな力で重いものを動かす"てこ"の役割を担っているわけです

考えよう！

## ROEが高い理由は2パターン

理由
① **ROAが高い** ----> 資産を使って上手に利益を出している収益性の高い会社といえる。

理由
② **財務レバレッジが高い** --> 負債を積極的に活用して経営している。ROAが低いのにROEが高い場合、借金が多く安全性が心配。

ROEだけで判断せず
ROAや安全性も
チェックしましょう

安全性
チェック
▶P152～

One Point!

### 日本のROEは低いってホント？

欧米企業のROEは15％程度ですが、ここ数年の日本企業は平均8～10％ほど。ただ近年は、ROEを重視する企業も増えて、上昇傾向といえます。

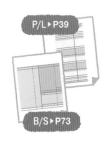

P/L▶P39

B/S▶P73

### 効率性チェック
# 資産を有効に
# 活用できている?

同じ業種でも、忙しい会社と暇な会社があります。
その違いを決算書で分析するとどうなるでしょうか。

突然ですが、次の2人、どっちが洗剤を効率的に
使っているかわかりますか?
Aさん 洗剤1本で500枚の衣類を洗う
Bさん 洗剤2本で900枚の衣類を洗う

たくさん洗ったのはBさんだけど、Bさんは1本
当たり450枚だけね。効率がいいのはAさん!

よくできました! 企業分析では、こうした効率
のよさを見る指標を「総資産回転率」といいます

### ■回転率が多いほど、効率がいい!

総資産利益率(P138)では、資産に対する収益性を見ました。ここでは、
資産の「効率性」を考えてみましょう。たとえば、製造業なら、工場や機械を
使って、製品をつくり、販売して売上を得ます。このサイクルのスピードが速
いほど、売上は増えます。飲食店なら席をお客さままで埋めると、売上は増えま
すね。このように、会社が持つ資産を使って売上を出すまでを「1回転」とし
て、**資産の効率性を見るのが**「総資産回転率」です。売上高を総資産で割った
もので、"売上高を達成するのに、資産を何回転させたか"を表します。

資産が同じでも、回転率が多い会社のほうが、たくさんの売上を上げること
ができます。

## 資産の有効活用度を示す「総資産回転率」

総資産回転率は、売上高を総資産で割って求めます。単位は%ではなくて、「回」なので気をつけましょう。総資産回転率を見れば、規模の違う会社同士でも、どちらが資産をフル活用しているかがわかります。

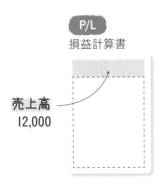

**P/L**
損益計算書

売上高
12,000

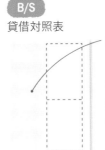

**B/S**
貸借対照表

総資産
7,500

平均値を使う
前期と当期の平均値（期間平均値）を使う（本書の計算では省略）。

【計算式】

$$総資産回転率 = \frac{売上高}{総資産} （回）$$

高いほど
よい！

目安の数値は？

平均で製造業は0.8回、情報通信業は0.9回、卸売業・小売業は1.7回、飲食サービス業は1.6回。

\*数値は「平成30年度企業活動基本調査」（経済産業省）より

上の例　総資産回転率

$$\frac{12,000}{7,500} = 1.6回$$

同じ総資産だったら
売上高が高いほど
回転率が高く効率的な
わけですね

前期と比べて総資産回転率が大きく変わったときは、より細かい分析をしてみましょう。ヒントは、**"総資産を分解する"**です

# 資産ごとの回転率に目を向ける

総資産は「流動資産+固定資産」。売上高が変わらないなかで総資産回転率が変動していれば、流動資産か固定資産、または両方の回転率が変動しているはず。それぞれの回転率を算出して原因を探ってみましょう。

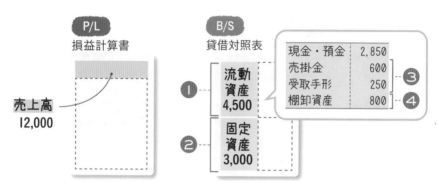

## ① 【計算式】

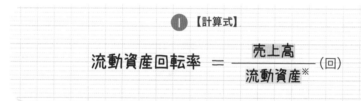

$$\text{流動資産回転率} = \frac{\text{売上高}}{\text{流動資産}^{※}} \text{（回）}$$

| 上の例 | 流動資産回転率 |
|---|---|
| $\dfrac{12,000}{4,500}$ | ＝約2.7回 |

### 流動資産は有効活用されている？

売上高を流動資産で割ると、流動資産回転率が算出できる。設備投資や経費などに使わず、ためている現金・預金が多いと、流動資産回転率は低くなる。

## ② 【計算式】

$$\text{固定資産回転率} = \frac{\text{売上高}}{\text{固定資産}^{※}} \text{（回）}$$

| 上の例 | 固定資産回転率 |
|---|---|
| $\dfrac{12,000}{3,000}$ | ＝4.0回 |

### 固定資産は有効活用されている？

売上に結び付かない固定資産が多いと、固定資産回転率は低くなる。ただし、設備投資による効果の回収には時間がかかるので、最低5年間は観察を。

流動資産回転率に変化があった場合は、さらに細かな分析をすることができます

❸【計算式】

$$売上債権回転率 = \frac{売上高}{売上債権^{※}}（回）$$

（売掛金＋受取手形）

売上債権 ▶P77

左の例

$$\frac{12,000}{600+250} = 約14.1回 \quad 売上債権回転率$$

### 売掛金などを早く回収できている？

売上債権（期間平均値→P147）に対する売上高の割合を見る。売上債権回転率が高いほど、売上債権の回収期間が短いか、現金商売の割合が多いことを示す。

❹【計算式】

$$棚卸資産回転率 = \frac{売上高}{棚卸資産^{※}}（回）$$

左の例

$$\frac{12,000}{800} = 15.0回 \quad 棚卸資産回転率$$

### 在庫がきちんと売れている？

棚卸資産（期間平均値）に対する売上高の割合を見る。棚卸資産回転率が高いほど、在庫がスムーズにはけていることを示す。

One Point!

### 回転率とウラ・オモテ。「回転期間」を知ろう

「売上債権回転期間」は売上債権の回収までの期間を、「棚卸資産回転期間」は棚卸資産が売れるまでの期間を意味し、回転率の式の上下を入れ替えた逆数となります。

上記❸の売上債権回転率約14.1回の場合、売上債権回転期間は「850÷12,000＝約0.07年（×365日＝約26日）」です。

【計算式】

$$回転率 = \frac{売上高}{○○○}（回）$$

$$回転期間 = \frac{○○○}{売上高}（年）$$

※前期と当期の平均値（期間平均値）を使うが、本書の計算では省略。

**P/L▶P39**

**C/S▶P111**

## 収益性チェック④
# 売上に対して
# 得たキャッシュの割合は？

商売を続けていくためには、利益率だけでなく、
キャッシュでの収益性も大事です。

最初に、売上高に対する利益率（P134）を学びま
した。ここでは決算書に計上された利益ではなく、
実際に入ってきたキャッシュで考えてみましょう

キャッシュで考えるということは、キャッシュ
フロー計算書を使うんですね！

そうです。売上高に対して、どのくらいキャッシュ
を得ているかも、大事な視点です。この指標を「営
業キャッシュフローマージン」といいます

### ■"キャッシュフロー版"の「営業利益率」

　営業キャッシュフローは、本業の活動でどのくらいのキャッシュを生み出し
たかを示すものでしたね（P112）。これらの、売上高に占める割合を示したの
が「営業キャッシュフローマージン」です。数値が高いほど、効率的にキャッ
シュを稼ぎ出していることを意味します。

　売上高利益率が損益計算書上の"もうけの割合"を見た指標なのに対して、
**営業キャッシュフローマージンは、"キャッシュで得たもうけの割合"を見る
指標**と考えてください。売上高利益率が高くても、売掛金や受取手形が多けれ
ば、回収できずに黒字倒産に至る危険性があります。キャッシュでの収益性も、
合わせて見ることが大事なのです。

## 営業キャッシュフローマージンを求める

損益計算書の「売上高」と、キャッシュフロー計算書の「営業キャッシュフロー」から算出します。売上高に対して、営業キャッシュフローが多いほど、安全性が高いといえます。

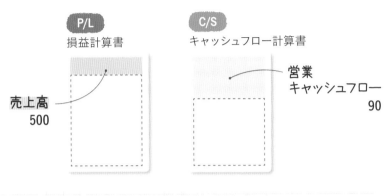

**P/L**
損益計算書

**C/S**
キャッシュフロー計算書

売上高
500

営業
キャッシュフロー
90

【計算式】

$$\text{営業キャッシュフローマージン} = \frac{\text{営業キャッシュフロー}}{\text{売上高}} \times 100\,(\%)$$

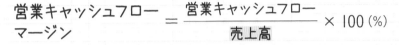

高いほど
よい！

**目安の数値は？**

日本の会社なら10％くらいあれば優秀。ちなみにトヨタ自動車の営業キャッシュフローマージンは約12％（2020年）。

上の例

営業
キャッシュフロー
マージン

$$\frac{90}{500} \times 100\,(\%) = 18\%$$

考えよう！

## 売上高営業利益率と比べよう

下のA社とB社の売上高営業利益率（P135）は同じだが、営業キャッシュフローマージンはA社のほうがずっと上。売上債権を効率的に回収できているといえる。

| | 売上高営業利益率 | 営業キャッシュフローマージン | |
|---|---|---|---|
| A社 | 10％ | 18％ | … 効率的に資金回収できている。 |
| B社 | 10％ | 6％ | … 資金回収の効率がよくない。 |

# 安全性チェック①
# 支払い能力に
# 不安はない？

B/S▶P73

買掛金や支払手形など、さまざまな支払いがきちんとできるかどうか。
その能力が会社の存続を左右します。

ここからは、会社が倒産する心配はないか、"安全性"を見る指標を紹介しましょう。
ちょっと復習しましょう。会社がつぶれるのは、どんなときでしたか？

お客さまがこないとき…？　いや、違いますね。
売上ゼロでも倒産しないケースがありました。
あ！　お金を返せないとき、支払いができなくなったときですね！

黒字倒産
▶P109

よく覚えていましたね！　会社は、約束通りに支払いや返済ができなくなると倒産します。安全性チェックでは、まず短期的な支払い（返済）能力を見ていきましょう

■「流動比率」で、短期的な支払い能力がわかる

　毎年、多くの会社が生まれる一方で、倒産してしまう会社もあります。国内で 2019 年に倒産した会社の数は何と 8000 件以上に上ります。倒産の危機につながるのが、１年以内に返さなくてはならない「流動負債」です。流動資産と流動負債のバランスを見て、流動負債のほうが多いと、短期的な支払能力に不安があり、倒産の危険性があると紹介しました（P88）。ではどのくらいの比率なら安全なのでしょうか。それを数値で表したのが「流動比率」です。

# 「流動比率」で1年以内の支払い能力を見る

流動比率は貸借対照表の流動資産を、流動負債で割って100を掛けて求めます。流動比率が大きいほど、すぐに現金化できる流動資産の割合が多いことを示し、短期間の支払能力が高いといえます。

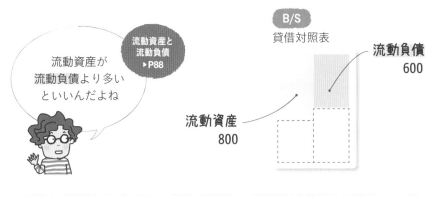

流動資産と流動負債 ▶P88

流動資産が流動負債より多いといいんだよね

**B/S**
貸借対照表

流動負債
600

流動資産
800

【計算式】

$$流動比率 = \frac{流動資産}{流動負債} \times 100（\%）$$

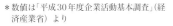

高いほどよい！

**目安の数値は？**

平均で、製造業は約141％、情報通信業は約162％、卸売業は約135％、小売業は約115％、飲食サービス業は約111％。

＊数値は「平成30年度企業活動基本調査」（経済産業省）より

上の例

$$\frac{800}{600} \times 100（\%）= 約133\%$$ 流動比率

一般的には流動比率が120％以上あると安心なんだって

ただ、業種や業態によっては、流動比率が高くても安心できない場合があるんです。
次のページで、流動比率についてもう少し突っ込んで見てみましょう

153

## 流動比率が高くても安心できない業種も

流動比率が100%を上回っていれば、1年以内に流動負債を返済できる
はず。しかし、業種によっては、流動比率が120%でも資金繰りが苦し
いこともあれば、100%を下回っても問題ないケースもあります。

| 流動比率が<br>50%でも大丈夫 | 流動比率が<br>120%でも苦しい |
|:---:|:---:|
| ↓ | ↓ |
| **鉄道業** | **病院、介護産業** |

| | |
|:---|:---|
| ● 安定した収益で、<br>　日銭が入る | ● 保険診療分の<br>　売掛金が多い |
| 利用者がほぼ一定で、安定した収益が得られる。売掛金や棚卸資産などがほとんどなく、安定して日銭が入るので、流動比率が低くても、資金繰りの問題はない。 | 健康保険や介護保険での支払いの場合、すぐに入るのは3割または1割のみで、大半は売掛金という状態。残りは1ヵ月半〜2ヵ月後になるため、資金繰りは厳しくなる。 |

流動比率が高くても資金繰りが難しい業種・業態
では、自己資本比率を高めておくこと、つまり、
借金の割合を減らすことが重要です

自己資本比率
▶P158

---

One Point!

### 「手元流動性」でも支払い能力をチェック!

現金や預貯金、短期所有の有価
証券のことを「手元流動性」とい
います。手元流動性を月商（年間
売上高÷12）で割って求めるの
が「手元流動性比率」。流動比率
や当座比率よりも、短期間の支払
い能力をシビアに評価できます。

【計算式】

高いほど
よい!

手元流動性比率

$$= \frac{\text{手元流動性}}{\text{月商（年間売上高÷12）}} \times 100 (\%)$$

（現金・預金＋短期有価証券）

問題です！ 次の2社は同じ流動比率ですが、「すぐ借金を返して」といわれて応じられるのはどっち？

A社

現金50

棚卸資産50 **流動負債60**

**流動資産100**

B社

現金90

棚卸資産10 **流動負債60**

**流動資産100**

A社もB社も $\dfrac{流動資産100}{流動負債60} \times 100(\%) = $ 流動比率 **約167%**

B社かな？ A社は、現金が流動負債より少ないから、棚卸資産を売却するなりしてキャッシュをつくらないと、返済できません

その通り！ 流動資産のなかで、とくに換金性の高いものを「当座資産(とうざしきん)」といいます（P77）。
流動資産に代わって当座資産で計算すると、より**短期の返済能力**がわかるんです

## 「当座比率」で当面の支払い能力を見る

すぐに売れるかどうかわからない棚卸資産を除き、当面の支払い能力をチェックします。100%超が理想とされています。

【計算式】

$$当座比率 = \frac{当座資産}{流動負債} \times 100 \,(\%)$$

高いほどよい！

上の例 A社 $\dfrac{50}{60} \times 100(\%) = $ 当座比率 **約83%**　　B社 $\dfrac{90}{60} \times 100(\%) = $ 当座比率 **150%**

安全性チェック②

# 大きな買い物で
# 借金をしていない？

家を買うときは頭金を多く入れて、ローンは少なくしたほうが家計は安心。
会社が大きな買い物をするときも同じです。

車や高級時計など、大きな買い物で、あれこれと
ローンを組んでいたら、ちゃんと返せるのか不安
になりますよね。会社の場合も同じです

■ 固定資産の購入資金は、自分のお金？　借りたお金？

　固定資産を取得しても、売上として回収できるまでには長い時間がかかります。安定した経営のためには、できれば、返済不要の自己資本で取得したいもの。**自己資本（純資産）に対する固定資産の割合を示す「固定比率」が100％を下回っていれば、すべて自己資本でまかなえていることを示します。**

　ところが実際、多額の固定資産では、借入をして購入する会社がほとんど。その場合の借入は、返済期限の長い固定負債のほうがよいですね。純資産と固定負債に対する、固定資産の割合を示すのが「固定長期適合率」です。これが100％以下なら、純資産と固定資産でまかなえているので、すぐに返済に追われることはないでしょう。

固定比率が低いほど安定した経営で、高いのは
NG ってことかな？

基本的にはそうですが、勝ち残るために積極的な
設備投資が不可欠なことも。成長段階の会社なら
固定比率の低さに固執しないこともあります

# 長期の支払い能力を見る

「固定比率」は固定資産と純資産、「固定長期適合率」は固定資産と、純資産＋固定負債から求めます。どちらも中長期の安全性をはかる指標です。

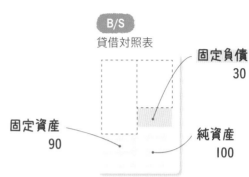

**B/S**
貸借対照表

固定資産
90

固定負債
30

純資産
100

固定比率や
固定長期適合率は、
低いほうがいいのね！

【計算式】

- 固定比率 ＝ $\dfrac{\text{固定資産}}{\text{純資産}} \times 100$（％）

- 固定長期適合率 ＝ $\dfrac{\text{固定資産}}{\text{純資産＋固定負債}} \times 100$（％）

---

上の例

$\dfrac{90}{100} \times 100$（％）＝ **90%** ← 固定比率

$\dfrac{90}{100＋30} \times 100$（％）＝ **約69%** ← 固定長期適合率

**低いほどよい！**

## 目安の数値は？

平均で、固定比率は製造業107％、情報通信業92％、小売業124％、飲食サービス業140％。固定長期適合率は製造業81％、小売業89％、飲食サービス業95％ほど。

＊数値は「平成30年度企業活動基本調査」（経済産業省）より

成熟した会社では、成長期の会社に比べて安全性を重視した経営が行われるでしょう

## 安全性チェック③

# 他人に頼らない自分の お金はどのくらい？

**B/S▶P73**

他人に頼りすぎず、できるだけ自分の力で立つ。
人でも会社でも大事なことですね。

人の体格を見て「この人は丈夫そう」「体力があ
りそう」などと思いますよね。会社の場合は、何
を見れば"体力"がわかると思いますか？

うーん、資産は、"体の大きさ"かなぁ。大きく
ても体力があるとは限らないし……。資本金？

惜しい！ 企業の体力は資本金を含む純資産（自
己資本）の割合で見ます。割合が多いほど、厳し
い経営環境にも立ち向かうことができます

### ■返済の必要ない会社の資本の割合は？

　事業を長く続けていくうえで、トラブルはつきものです。突然の経営環境の
変化や災害などで、業績が急に悪化することもあるでしょう。借入に頼って経
営している会社の場合、業績が悪化すると、すぐに資金繰りが行き詰まります。
でも、返済する必要のない自分の財産がある程度あれば、何とか持ちこたえる
ことができるはず。それを見る指標が「**自己資本比率**」で、**総資本に対する自
己資本の割合**を指します。いわば会社の基礎体力のようなもの。業種による違
いはありますが、理想的には50％以上、30％あれば及第点といわれます。た
だし、会社の成長のためには自己資本比率を減らしてでも、積極的な投資活動
が必要なことも。安全性と成長性のバランスの見極めが求められます。

# 安全性分析のキホン！「自己資本比率」を見る

「自己資本比率」は中長期の安全性を見る基本の指標。貸借対照表の自己資本（純資産）を総資本で割って、100を掛けて求めます。

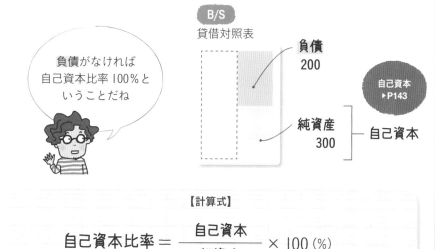

負債がなければ自己資本比率100％ということだね

**B/S**
貸借対照表

負債
200

純資産
300 — 自己資本

自己資本
▶P143

【計算式】

$$自己資本比率 = \frac{自己資本}{総資本（負債＋純資産）} \times 100 \, (\%)$$

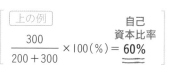

高いほどよい！

### 目安の数値は？

平均で製造業51.4％、情報通信業50.7％、卸売業38.3％、小売業42.8％、飲食サービス業45.3％。

上の例
$$\frac{300}{200+300} \times 100 \, (\%) = \underline{\underline{60\%}}$$
自己資本比率

One Point!

## 借金が多すぎない？「負債比率」に注目！

会社の借入金が多すぎないかどうかを示す指標の1つが「負債比率」。純資産に対する「有利子負債（P92）」の割合を見ます。有利子負債とは利子をつけて返さなくてはならない借入金で、社債もここに含まれます。比率が小さいほど、より安全な経営といえます。

【計算式】

$$負債比率 = \frac{有利子負債}{純資産} \times 100 \, (\%)$$

## 生産性チェック①
# 利益の出やすい<br>体制になっている?

P/L▶P39

お金がたくさんあっても、立派な設備があっても<br>従業員がしっかり働いてくれなければ利益は上げられません。

5人で2,000万円の利益を出すチームと、2人で2,000万円の利益を出すチーム、どっちの生産性が高いと思いますか?

これは簡単ですよ!<br>2人で2,000万円のチームです

■労働生産性が高いほど、利益の出やすい体質

働き方改革が叫ばれるなかで、注目されている指標が「労働生産性」。**従業員1人当たり、どのくらい付加価値を生み出したかを表します。**労働生産性が高ければ、会社の売上も伸び、多くの利益を得られます。付加価値は厳密な計算方法がありますが、ここでは簡易的に売上総利益で考えています。

> ここでは<br>「売上総利益」に<br>置き換えます

**【計算式】**

$$労働生産性 = \frac{付加価値}{従業員数^{※}}(円)$$

※従業員数は、有価証券報告書の「従業員の状況」で確認できます。

> 有価証券<br>報告書<br>▶P128

| 例 | 売上総利益が5,000万円の会社で、従業員が10人だったら? |

労働生産性

5,000万円÷10人=**500万円**

労働生産性の平均値は、会社の資本規模や業種によって異なります。製造業や情報通信業で1,000万円前後、小売業やサービス業は500万円以下です

計算式から考えると、労働生産性を高めるには「従業員数を減らす」必要があるんですね？

そうです。同じ従業員数でも、「付加価値を高める」ことでも労働生産性が上がります。計算式を分解すると、よくわかりますよ

【計算式】

● 労働生産性に1（売上高／売上高＝1）を掛ける

$$\text{労働生産性} = \frac{\text{付加価値}}{\text{従業員数}} \times \frac{\text{売上高}}{\text{売上高}}$$

1を掛けても答えは同じ

● 掛け算の分母を入れ替えると2つのポイントがあらわれる

$$\text{労働生産性} = \boxed{\frac{\text{売上高}}{\text{従業員数}}} \times \boxed{\frac{\text{付加価値}}{\text{売上高}}}$$

入れ替えても答えは同じ

従業員1人ひとりが、売上にどれだけ貢献したかを示す。

売上に対して、どれだけの付加価値を獲得したかを示す。

‖
**1人当たり売上高**

‖
**売上高付加価値率**

労働生産性はこの2つに分けられるのね

労働生産性の高い会社は少数精鋭の従業員で粗利率の高い商売ができているわけです

161

## 生産性チェック②
# 人件費の割合はちょうどよい？

従業員は給料が高いほうがうれしいけれど、会社は低く抑えたい。
ちょうどよいバランスかどうかをはかる指標があります。

給料が安いと嘆く友人が、「もうかっている会社なら、高給取りになれるのに」というんだけど…

業績抜群でも給料は高くない会社、業績低迷でも高給取りの会社もありますよ。人件費の割合を示す「労働分配率」を見てみましょう

【計算式】

$$労働分配率 = \frac{人件費^※}{付加価値} \times 100 \,(\%)$$

※人件費は、給料のほかに賞与、法定福利費、福利厚生費、退職金などを含みます（P49参照）。

| 例 | 売上総利益5,000万円の会社で、人件費が2,500万円だったら？ |

労働分配率
(2,500万円 ÷ 5,000万円) × 100% = **50%**

*ここでは、売上総利益を付加価値として置き換えて計算。

### ■労働分配率が低いほど、会社の生産性は高い

　会社で生み出した付加価値はさまざまに分配されます。そのうち、人件費の割合を表したのが「労働分配率」。**人件費を抑えて労働分配率を下げれば、その分、会社の利益は増えて生産性は上がります。**従業員は労働分配率が高いほうがうれしいですが、人件費が経営を圧迫して会社がつぶれては元も子もありません。両者が幸せになるには、付加価値を高めていくことが鍵となります。

労働分配率は、どのくらいの数値がいいんですか？

労働生産性（P160）と同じように、会社の規模や業種によって差はありますが、全業種平均で50%強が目安となります

考えよう！

## 労働生産性と労働分配率を見比べる

労働生産性と労働分配率を見比べると、会社の経営状態を分析することができる。労働生産性と労働分配率の高低の組み合わせから、下記の4つのパターンに分けられる。

2つの指標を高低で組み合わせて見ていくのね

### 労働生産性↗ 労働分配率↗

会社も従業員も幸せ！

従業員1人ひとりが多くの付加価値を生み出しており、それが賃金として十分に還元されている。従業員のモチベーションもアップし、労働生産性をさらに伸ばすことも期待できそう。

### 労働生産性↘ 労働分配率↗

先の経営が苦しい？

従業員1人ひとりが生み出す付加価値は少ないにもかかわらず、多くの賃金を支払っている状態。従業員にはよいかもしれないが、人件費がかさんで経営を圧迫することに。

### 労働生産性↗ 労働分配率↘

離職が増えていく？

従業員1人ひとりが生み出す付加価値は高いのに、十分な賃金をもらえていない状態。頑張っても評価されないため不満がつのり、離職が増えたり、優秀な人材の確保が困難になるかも。

### 労働生産性↘ 労働分配率↘

低空飛行が続く

従業員1人ひとりが生み出す付加価値は少なく、賃金も少ない状態。従業員のモチベーションも上がらず、事業が存続できるかどうか危うい状態。まずは付加価値を高めることを目指す。

P/L ▶ P39　B/S ▶ P73　C/S ▶ P111

成長性チェック

# 将来性は どのくらいあるの？

決算書は過去の業績をまとめたもの。けれども、その会社が
これから伸びるかどうか、将来を予測する手がかりにもなります。

次は、会社の成長性について分析しましょう。
損益計算書（そんえきけいさんしょ）、貸借対照表（たいしゃくたいしょうひょう）、キャッシュフロー計算
書それぞれに、成長性予測に役立つ項目がありま
す。各項目が数年前から現在まで、どのように変
化してきたかを見て、将来を予測します

## ● 損益計算書 P/L

数年分の伸び率を
見ていくと、
将来の傾向が
見えてきますね

### ● 売上高、利益の伸び率は？

売上高や利益の伸び率が高ければ、会社
が順調に大きくなっていることがわかる。
同業他社と比較し、業界内
での立ち位置もチェックを。

伸び率
▶P61

### ● 研究開発費の割合は？

製造業で、研究開発を熱心に行っている
会社は、新たな製品や素材の開発などで
成長する可能性が高い。売
上高に占める研究開発費の
割合（売上高研究開発費率）
をチェックしておこう。

研究開発費
▶P49

【計算式】

$$売上高研究開発費率＝\frac{研究開発費※}{売上高}×100（\%）$$

※研究開発費は、有価証券報告書の【第2 事業の状況】「研究開発活動」の項目に記載される。

## ● 貸借対照表 B/S

成長度合いを見るなら
安全性に
変化がないかも
確認しておきましょう

## ● 総資産（総資本）は増えている？

総資産は、会社の規模を表す。近年、増加傾向であれば、今後も増えると推測できる。現金、在庫、設備など、どの資産が増えたのか内訳を確かめることも大切。

## ● 自己資本比率の変化は？

総資産（総資本）が大きくなった場合、積極的な設備投資などで借入（負債）が増えている可能性もある。自己資本比率が危険なレベルにまで下がっていないかをチェックする。

## ● キャッシュフロー計算書 C/S

## ● 投資キャッシュフローはマイナス？

将来の成長のためにはマイナスが望ましい（P114）。投資キャッシュフローの中身が、投資有形固定資産や無形資産、子会社などの取得などであれば、会社の成長につながると考えられる。

● 有形固定資産の取得 ← 設備投資をしている？
● 無形資産の取得 ← 知的財産などを取得している？
● 子会社の取得
● 持分法投資の取得 ← M&Aをしている？

One Point! 株主にとっては、うれしくない成長もある

　会社が新たに株式を発行して、資金を調達することを「増資」といいます。他企業の買収に伴う増資もあります。事業拡大を狙うもので、会社の成長と考えられますが、株式数が多くなる分、既存の株主にとっては1株に対する見返りが減ってしまいます。
　でも、長い目で見れば、見返りが大きく増える可能性もありますね。

既存の株主は
「1株当たり当期純利益」
をチェック！
（P59）

損益分岐点

# 採算ラインは
# クリアしている？

どんな事業でも採算がとれるようになるまではたいへん。
今どの辺りにいるのかは「損益分岐点」でわかります。

P/L ▶ P39

損益計算書（そんえきけいさんしょ）を使って"経営の現在地"を確認する
方法があります。まずは下の問題にチャレンジ！

---

問題 **売上が落ちたときに苦しいのはどっち？**

| A社 | | B社 |
|---:|:---:|:---|
| | （単位：万円） | |
| 800 | 売上高 | 800 |
| 500 | 売上原価 | 300 |
| 200 | 販管費 | 400 |
| 100 | 営業利益 | 100 |

う〜ん。売上高も営業利益も同じで、費用の総額
も同じ。売上が落ち込んだら、同じだけ苦しいと
思うけど……

あ！ 売上高と売上原価は連動するんじゃ
なかった？ 売上が半減したら、売上原
価も半減するんじゃない？

売上原価
▶ P44

いい点に気付きましたね！ そのように想定した
場合、数字がどう変化するか、見てみましょう

166

- **売上が25%減ると……**

| A社 | （単位：万円） | B社 |
|---|---|---|
| 8̶0̶0̶ ➡ 600 | 売上高 | 8̶0̶0̶ ➡ 600 |
| 5̶0̶0̶ ➡ 375 | 売上原価 | 3̶0̶0̶ ➡ 225 |
| 200 | 販管費 | 400 |
| 1̶0̶0̶ ➡ 25 | 営業利益 | 1̶0̶0̶ ➡ △25 |

75%減

125%減

**答え**
売上が落ちたときに
より苦しいのは
**B社** です

A社もB社も、
売上が減って
売上原価も減った。
だけど、販管費は
変わらなかったね

そこがポイントです！ じつは費用は、売上に連動するかどうかによって、**「変動費」**と**「固定費」**の2つに分けることができます

■売上高に連動する費用としない費用

　会社が利益を出すためには、できるだけ費用は抑えたいものです。「売上原価」や「販管費」ととらえていた費用を、ここでは「変動費」と「固定費」に分けて考えてみましょう。

　小売業などの場合、仕入れ商品の売上原価は売上高に連動するので、変動費となります。販売促進費や荷造り運搬費、消耗品費なども売上高に連動するでしょう。しかし、人件費や地代家賃、減価償却費などは、売上高が増えても減っても一定。売上高が急激に増えれば、人を増やしたり事務所を拡張したりすることもあり得ますが、基本的には大きく増減することはないので、固定費として考えます。このように見ると、**たとえ同じ売上高であっても、変動費と固定費のバランスによって利益を出せるかどうかは異なる**ということがわかります。

売上高と「固定費」「変動費」の数字を使うと、収支トントンとなる"採算ライン"（損益がゼロになる売上高）がわかります

## 売上と費用がつりあう「損益分岐点売上高」

どのくらいの売上高なら、固定費と変動費をまかなうことができるのか。その指標が「損益分岐点売上高」です。下記の例では、販管費（固定費）の多いB社のほうが、損益分岐点売上高は高くなります。

【計算式】

$$損益分岐点売上高 = 固定費 \div \left(1 - \frac{変動費}{売上高}\right)$$

例　A社とB社の場合

（＊ここでは、売上原価を「変動費」、販管費を「固定費」と考えます）

| A社 | （単位：万円） | B社 |
|---|---|---|
| 800 | 売上高 | 800 |
| 500 | 売上原価 | 300 |
| 200 | 販管費 | 400 |

**A社**

$$200 \div \left(1 - \frac{500}{800}\right) = \underline{約533}(万円)$$

損益分岐点売上高

**B社**

$$400 \div \left(1 - \frac{300}{800}\right) = \underline{640}(万円)$$

損益分岐点売上高

| 売上高 | 533万円 |
|---|---|
| 売上原価 | 333万円※ |
| 販管費 | 200万円 |
| 営業利益 | 0円 |

A社は、533万円以上を売り上げないと、もうけが出ない。

| 売上高 | 640万円 |
|---|---|
| 売上原価 | 240万円※ |
| 販管費 | 400万円 |
| 営業利益 | 0円 |

B社は、640万円以上を売り上げないと、もうけが出ない。

※A社のこの売上原価は、次のように計算。
〔元々の原価率（売上原価500÷売上高800）×
損益分岐点売上高533＝約333（万円）〕

※B社のこの売上原価は、次のように計算。
〔元々の原価率（売上原価300÷売上高800）×
損益分岐点売上高640＝240（万円）〕

損益分岐点売上高と、現在の売上高を比べることで、会社経営に余裕があるのかどうかを知ることができます

## 会社経営にどれくらい余裕がある?

現在の売上高が損益分岐点売上高よりも右側なら黒字、左側なら赤字です。差額から「経営安全率」を算出してみましょう。現在の売上がいくら減ったら赤字になるのかを示す指標で、高いほど経営は安全だといえます。

● 左の例、B社の損益分岐点図

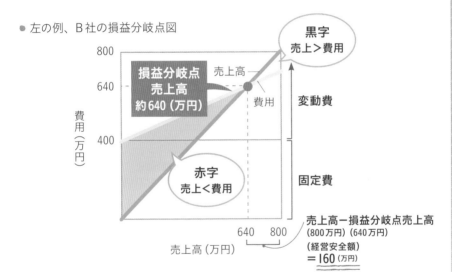

【計算式】

$$経営安全率 = \frac{\underset{(経営安全額)}{売上高 - 損益分岐点売上高}}{売上高} \times 100 \, (\%)$$

上の例

$$\frac{\underset{(経営安全額160)}{800 - 640}}{800} \times 100(\%) = \underset{\underline{\underline{}}}{\text{経営安全率}} \, 20\%$$

経営安全率が高いほどいいんだ!20%以上あると安全、40%以上だと優秀といわれるんだって!

# グループ全体の
# 状況を把握する

たくさんの会社が集まって事業を展開しているグループ企業は
1つひとつの会社の成績表に加えて、グループ全体の成績表もつくられます。

大企業のなかには、数百もの子会社や関連会社を
抱えるグループ企業も少なくありません

決算書は、すべての会社がつくるんだから、そ
れぞれ見ていくのもたいへんですね〜

そうなんです。そのため、グループ全体の活動を
把握するための「連結決算」というものがあるん
ですよ

■グループの1社だけを見てもわからない

　会社が成長して事業を拡大すると、子会社や関連会社を持ってグループとし
て活動するケースが多いです。しかし、グループの子会社や関連会社すべての
決算書をチェックしても、グループ全体の経営状態を把握することはできませ
ん。また、親会社が売れ残りの在庫を子会社に買わせた場合でも、親会社の決
算書には売上として計上されてしまいます。こうした**不透明さをなくし、グルー
プ全体の業績を正確に報告するためにつくられるのが**「連結決算書」。連結損
益計算書、連結貸借対照表、連結キャッシュフロー計算書などで構成されます。
日本では単独決算が重視されていましたが、国際的には連結決算が主流。上場
企業などでは、2000年から連結決算の公表も義務付けられています。

# 「連結決算書」でグループ全体の情報を開示

他企業の買収や合併、出資などによって、グループが成長していきます。一般的には、親会社が持つ株式が51％以上なら子会社、20～50％以下なら関連会社と呼ばれます。役員の派遣など実質的な支配力でも区別されます。

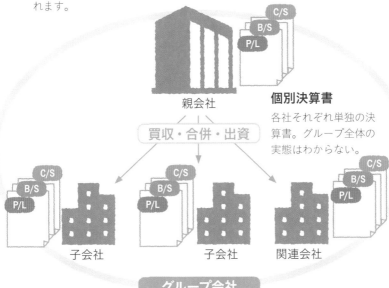

親会社

**個別決算書**
各社それぞれ単独の決算書。グループ全体の実態はわからない。

買収・合併・出資

子会社　　　子会社　　　関連会社

**グループ会社**

| 連結損益計算書 連結P/L | 連結貸借対照表 連結B/S | 連結キャッシュフロー計算書 連結C/S |
|---|---|---|

➡ **3つ合わせて 連結決算書**
グループ会社全体の決算書。グループ全体の実態がわかる。

One Point!

## 事業ごとの状況は「セグメント情報」を見る

　たとえば、ミスタードーナツの親会社がダスキンというように、グループ企業では性格の異なる事業を営んでいることも多いです。連結決算では事業ごとの状況がわかりにくい場合もあるので、上場企業などでは「セグメント情報」という形で、事業ごとの業績や資産の状況を報告しています。

別々の事業がごっちゃになってわかりにくい場合もあるワン！

# 連結決算書と個別決算書はココが違う

連結決算では「グループ間の取引は計上しない」のが原則です。また、連結決算でのみ出てくる項目があるので、それをおさえておきましょう。それ以外の基本的な構成や見方は単独決算と同じです。

## ① 連結損益計算書のポイント

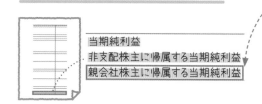

**グループの最終利益はココ！**

当期純利益から、親会社以外の株主分の当期純利益（非支配株主に帰属する当期純利益）を差し引いたものが、グループの最終利益（親会社株主に帰属する当期純利益）となる。

● **親会社が子会社に商品を売った場合**

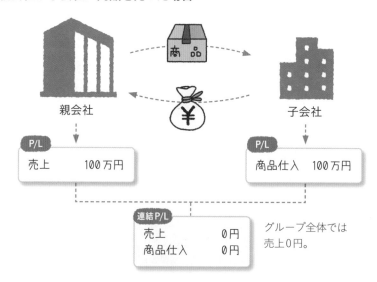

■**グループ間での売上は相殺されて、なかったことに**

　親会社が子会社に商品を100万円分売った（子会社から見ると商品を仕入れた）場合、単独決算では親会社は100万円の売上、子会社は100万円の商品仕入を計上しますが、**グループ全体では相殺されるので、連結損益計算書には計上しません。**子会社がグループ外の会社に売った場合は売上として計上します。

## ❷ 連結貸借対照表のポイント

### 合併の歴史は、「のれん」にあらわれる

ほかの会社を買収した金額が、その会社の純資産額（時価）よりも大きい場合、その差額は資産の部に「のれん」として計上される。

### 「非支配株主持分」とは親会社以外が持つ子会社株式

親会社が子会社の株を100％全部持っていない場合、ほかにも株主がいる。子会社の純資産のうち、親会社以外が持っている割合を示す。

### ● 親会社が追加出資して子会社株式を取得した場合

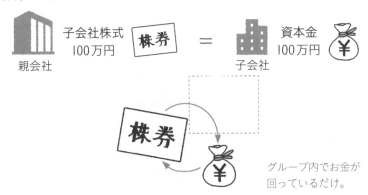

グループ内でお金が
回っているだけ。

### ■ グループ間で資産や資本を動かしても、全体では変化しない

　各会社個別で見ると、親会社にとって子会社の株式は資産ですし、子会社にとっては資本金（純資産）となります。しかし、グループ全体で見れば、単にお金が移動しているだけなので、連結貸借対照表には計上されません。**グループ間での商品の売買と同様に、資産や資本の取引も相殺するのがルール**です。

## ❸ 連結キャッシュフロー計算書のポイント

### ■ 連結も個別も、内容に違いはない

　内容や見方は変わりませんが、新たに子会社が増えた場合に、「新規連結に伴う現金及び現金同等物の増加額（減少額）」が計上されることがあります。

# 分析指標一覧

本書で紹介する主な分析指標の計算式を一覧にしました。
指標の意味を確認したいときや、計算式を調べたいときに活用してください。

## 収益性チェック

| 指標 (計算式) | | 意味 |
|---|---|---|
| 売上高<br>総利益率(%) | $= \dfrac{\text{売上総利益}}{\text{売上高}} \times 100$ | 高いほど、商品やサービスの力、競争力がある。<br>▶P135 |
| 売上高<br>営業利益率<br>(%) | $= \dfrac{\text{営業利益}}{\text{売上高}} \times 100$ | 高いほど、本業で稼ぐ力が高い。<br>▶P135 |
| 売上高<br>経常利益率<br>(%) | $= \dfrac{\text{経常利益}}{\text{売上高}} \times 100$ | 高いほど、経営全体の収益性が高い。<br>▶P135 |
| 総資産利益率<br>(ROA)(%) | $= \dfrac{\text{当期純利益}}{\text{総資産}^※} \times 100$ | 高いほど、会社の資産を有効に使って利益を出している。<br>▶P138 |
| 総資産<br>経常利益率<br>(ROA)(%) | $= \dfrac{\text{経常利益}}{\text{総資産}^※} \times 100$ | 高いほど、会社の資産を有効に使って経常利益を出している。<br>▶P139 |
| 自己資本<br>利益率<br>(ROE)(%) | $= \dfrac{\text{当期純利益}}{\text{自己資本}^※} \times 100$ | 高いほど、自己資本を効率よく使って利益を出している。<br>▶P142 |

| 指標 (計算式) | | 意味 |
|---|---|---|
| 営業<br>キャッシュフロー<br>マージン (%) $=$ | $\dfrac{\text{営業}}{\text{売上高}} \times 100$ キャッシュフロー | 高いほど、キャッシュで<br>の収益性がある。<br>▶P150 |
| 売上高<br>販管費率(%) $=$ | $\dfrac{\text{販管費}}{\text{売上高}} \times 100$ | 低いほど、売上高に占め<br>る経費の割合が少ない。<br>▶P186 |

## 効率性チェック

| 指標 (計算式) | | 意味 |
|---|---|---|
| 総資産<br>回転率 (回) $=$ | $\dfrac{\text{売上高}}{\text{総資産}^{※}}$ | 高いほど、資産を効率よ<br>く使って稼いでいる。<br>▶P146 |
| 流動資産<br>回転率 (回) $=$ | $\dfrac{\text{売上高}}{\text{流動資産}^{※}}$ | 高いほど、流動資産が売<br>上に結び付いている。<br>▶P148 |
| 固定資産<br>回転率 (回) $=$ | $\dfrac{\text{売上高}}{\text{固定資産}^{※}}$ | 高いほど、固定資産が売<br>上に結び付いている。<br>▶P148 |
| 売上債権<br>回転率 (回) $=$ | $\dfrac{\text{売上高}}{\text{売上債権}^{※}}$ | 高いほど、売掛金などを<br>早く回収できている。<br>▶P149 |
| 棚卸資産<br>回転率 (回) $=$ | $\dfrac{\text{売上高}}{\text{棚卸資産}^{※}}$ | 高いほど、在庫がスムー<br>ズにはけている。<br>▶P149 |

※前期と当期の平均値（期間平均値）を使うが、本書の計算では省略。

## 安全性チェック

調べてみるワン

| 指標（計算式） | 意味 |
|---|---|
| 流動比率（%）$= \dfrac{流動資産}{流動負債} \times 100$ | 高いほど、短期的な支払い能力がある。 ▶P152 |
| 当座比率（%）$= \dfrac{当座資産}{流動負債} \times 100$ | 高いほど、当面の（流動比率より短期の）支払い能力がある。 ▶P155 |
| 手元流動性比率（%）$= \dfrac{手元流動性}{月商} \times 100$ | 高いほど、すぐの支払い能力がある。流動・当座比率よりシビア。 ▶P154 |
| 固定比率（%）$= \dfrac{固定資産}{純資産} \times 100$ | 低いほど、設備投資が経営を圧迫する危険は少ない。 ▶P156 |
| 固定長期適合率（%）$= \dfrac{固定資産}{純資産＋固定負債} \times 100$ | 低いほど、設備投資が経営を圧迫する危険は少ない。 ▶P156 |
| 自己資本比率（%）$= \dfrac{自己資本}{総資本} \times 100$ | 高いほど、借金などが少なく、資金調達が安定している。 ▶P158 |
| 負債比率（%）$= \dfrac{有利子負債}{純資産} \times 100$ | 低いほど、借金の割合が少なく、より安全な経営。 ▶P159 |

## 生産性チェック

| 指標（計算式） | 意味 |
|---|---|
| 労働生産性（円）＝ $\dfrac{付加価値}{従業員数}$ | 高いほど、従業員1人当たりが生み出す付加価値が大きい。 ▶P160 |
| 労働分配率（%）＝ $\dfrac{人件費}{付加価値} \times 100$ | 低いほど、会社の生産性は高い。 ▶P162 |

## 成長性チェック

| 指標（計算式） | 意味 |
|---|---|
| 売上高伸び率（%）＝ $\dfrac{当期売上高－前期売上高}{前期売上高} \times 100$ | 高いほど、企業規模が拡大している。 ▶P61 |
| 売上高研究開発費率（%）＝ $\dfrac{研究開発費}{売上高} \times 100$ | 高いほど、研究開発に熱心で、成長する可能性が高い。 ▶P164 |

## その他

| 指標（計算式） | 意味 |
|---|---|
| 損益分岐点売上高（円）＝ 固定費 ÷ $\left(1 - \dfrac{変動費}{売上高}\right)$ | 損益がゼロになる売上高を示す。 ▶P168 |
| 経営安全率（%）＝ $\dfrac{売上高－損益分岐点売上高}{売上高} \times 100$ | 高いほど、余裕を持った経営ができている。 ▶P169 |

# 基本を押さえたら、"習うより慣れよ"

ひと通りの基本を学んだら、あとは実践あるのみです

実践…？

いろいろな会社の決算書を読んでみるのがいちばん！

山登りと一緒で行き先（会社）は山ほどあります！
実践するうちに読めるようになりますよ

まずは近所の山から

とつぜんですが

問題です！「100（百万円）」はいくらか、パッと答えられますか？

え？

# 100百万円

答えは1億円。
決算書は大きな数字を扱うし単位も「百万円」だったり、「千円」だったり。
これは何度も繰り返し読んで、慣れていくしかありません

慣れた頃には、きっと決算書も読めるようになりますよ！

えーと…まだ慣れない…

そうだった

1,500百万円
↳15億円

9,000千円
↳900万円

その調子で、昇進試験も突破しようー！

おー!!

僕は株をがんばるぞー

## PART 6

あの有名企業はどんな会社？

# 決算書の読み方
## 【実践編】

決算書が読めてくると
とっても面白い！

PART6では、みんなが
知る会社の決算データを
見ながら、どんな会社
なのかを、一緒に読み
解いていきましょう

# サイゼリヤ／森永製菓／ライフコーポレーション

同じ食品関連企業でも、外食産業や製造業、小売業などさまざまな業種・ビジネスがあります。その特徴、じつは決算書にも反映されます。

業種やビジネスの特徴が、どのような形で決算書にあらわれてくるのか、下の3社を取り上げた、クイズ形式で考えてみましょう

## 🦴 手がかりメモ

### 外食産業
**サイゼリヤ**

イタリアンレストランなどを国内外約1,500店舗運営。低価格戦略で、若年層に人気。2020年現在では、現金決済が中心。食材の製造や物流業務も行う。

● 飲食サービス業の特徴
売上総利益率（うりあげそうりえきりつ）（P135）の平均は48.1%と高めの水準。店舗運営には、人件費（じんけんひ）などの販管費が多くかかる。

### 製造業
**森永製菓**

1910年に設立。多彩な菓子食品やアイスクリームの製造・販売などを行う。「ハイチュウ」は米国、中国、東南アジアなど海外でも販売。

● 製造業の特徴
工場や機械装置などの生産設備が必要なため、有形固定資産（ゆうけいこていしさん）には製造に係る資産が多い。効率性を示す資産回転率（しさんかいてんりつ）は低めの水準に。

### 小売業
**ライフコーポレーション**

275店舗（2020年4月現在）を持つスーパーマーケットチェーン。食料品のほか、生活関連用品、衣料品の販売などを行う。

● 小売業の特徴
売上総利益率は、平均で28.2%。好立地で広大な店舗運営を行う場合、有形固定資産に土地や建物が多く含まれるのが特徴。

**問題** A〜C社は、それぞれどの会社？

A〜C社は、サイゼリヤ（2019年8月期）、森永製菓（2020年3月期）、ライフコーポレーション（2020年2月期）の決算データを簡単に図解化したもの。★はヒント項目です。どれがどの会社なのか、考えてみましょう。

## A社

**P/L** 連結損益計算書（単位：億円）

| 売上高（営業収入） 7,146 ★ |
| --- |
| 営業総利益※ 2,257 ★ ※売上純利益＋営業収入 |
| 営業利益 138 ★ |
| 経常利益 145 |
| 最終利益 78 |

## B社

**P/L** 連結損益計算書（単位：億円）

| 売上高 1,565 ★ |
| --- |
| 売上総利益 1,002 ★ |
| 営業利益 95 ★ |
| 経常利益 97 |
| 最終利益 49 |

## C社

**P/L** 連結損益計算書（単位：億円）

| 売上高 2,088 ★ |
| --- |
| 売上総利益 1,101 ★ |
| 営業利益 212 ★ |
| 経常利益 219 |
| 最終利益 108 |

**B/S** 連結貸借対照表（単位：億円）

### A社

流動資産 757 ／ 流動負債 1,342
固定資産 1,863 ／ 固定負債 464 ／ 純資産 813

総資産（総資本） 2,620 ★

〈資産の内訳〉★
商品・製品と未収入金が流動資産の約65％を占める。建物や土地など有形固定資産は1,400億円超。

### B社

流動負債 162 ／ 固定負債 74
流動資産 560
固定資産 529 ／ 純資産 851

総資産（総資本） 1,089 ★

〈資産の内訳〉★
流動資産の内、430億円超が現金・預金。売掛金はほとんどない。有形固定資産は約377億円。

### C社

流動負債 578 ／ 固定負債 247
流動資産 863
固定資産 1,017 ／ 純資産 1,054

総資産（総資本） 1,880 ★

〈資産の内訳〉★
流動資産には、原材料・貯蔵品、仕掛品なども。建物や機械装置など有形固定資産は700億円超。

---

詳しい解説を見てみましょう

＊単位未満切り捨てのため、合計が合わない場合がある。

決算書の数字から、会社や事業の特徴と
なるポイントを見つけましょう

## ポイント ❶ ＼連結損益計算書／ 利益率を計算しよう

|  | A社 | B社 | C社 | |
|---|---|---|---|---|
| 売上高総利益率※ | 31.6% | 64.0% | 52.7% | 売上高利益率 ▶P134 |
| 売上高営業利益率 | 1.9% | 6.1% | 10.2% | |

※A社は営業総利益にて計算。

　売上高は A 社が多いですが、対する利益の割合を比べてみましょう。売上
高から売上原価を差し引いた売上高総利益率は、B 社が最多、次いで C 社です。
一方、販管費も差し引いた売上高営業利益率では、C 社が逆転しています。

> 外食産業、製造業、小売業なら、外食産業の粗利
> 率が高いんだよね（P180）。B 社が外食産業？

## ポイント ❷ ＼連結貸借対照表／ 資産の内訳に注目！

資産の内訳 ▶P84

**A社**　流動資産は、現金・預金 132、売掛金 93、商品・原材料 240、未収
入金 260（億円）などです。土地や建物など有形固定資産の割合が高め。

**B社**　流動資産の大半を現金・預金が占めています。売掛金がほとんどない
ことからも、現金決済が中心であることがうかがえます。

**C社**　流動資産のなかに、製造途中のものを示す仕掛品（P78）があります。
有形固定資産にある機械装置にも注目したいですね

> C 社には、原材料や仕掛品があるし、機械装置も
> 持っているから、製造業じゃない？

ポイント
❸ ＼財務指標／「資産回転率」を計算してみよう

|  | A社 | B社 | C社 |
|---|---|---|---|
| 総資産回転率 | 2.7回 | 1.4回 | 1.1回 |
| これも ヒント！ ➡ 棚卸資産回転率 | 29.8回 | 24.1回 | 11.9回 |

総資産回転率
▶P146

次は、**資産をどれだけ有効活用できているかを見る「資産回転率」**について考えてみましょう。ある程度の設備投資が必要で、資産が大きくなりやすい製造業では、資産回転率は低い水準になります。他方、小売業や卸売業では、資産回転率は高めの水準になります。A～Cの3社はどうでしょうか？

> 消費期限の短い生鮮品や食料品を扱うスーパーマーケットは、棚卸資産回転率が高そうだ！

> これまでの推理をまとめると、A社はライフコーポレーション、B社はサイゼリヤ、C社は森永製菓じゃないかな？

**答え**

**A社** 売上高も総資産も、3社で最も大きいA社。売上高利益率は低い半面、高水準の資産回転率で、利益を積み上げるビジネスモデル。この特徴は、**ライフコーポレーション**ですね。

**B社** 企業間売買は掛取引が一般的。売掛金のほぼないB社は、個人客がその場で現金払いする業態でしょう。売上総利益率の高さからも、B社が外食産業の**サイゼリヤ**だとわかります。

**C社** 売上に対する最終利益が最も大きいC社。資産には、仕掛品や機械装置など製造業につながる科目があがっています。2社より低い回転率も製造業の特徴。C社は**森永製菓**です。

> やっぱり
> そうかぁ

# 日本マクドナルドHD／JAL

経営環境の変化や時の経営判断によって、会社の業績や財政状態は、良くも悪くも変化します。それは、決算書にも如実にあらわれます。

今度は、同じ会社で、現在の決算書と、5年、10年前の決算書を比べてみましょう

同じ会社で、そんなに大きな変化がありますか？　似た傾向の数字になりそうですが……

トラブルが起きたり、経営方針を転換したり、景気や社会情勢の影響を受けたり、会社の変化が大きいときは、決算書も大きく変化します

---

**手がかりメモ**

### 日本マクドナルドHD

国内ハンバーガー市場で最大のシェアを有する。直営とフランチャイズを合わせて約2900店舗。

● 2015年当時は？

2014年、消費期限切れの鶏肉が使用された問題が発生。2015年、異物混入問題が起こり、顧客離れが進んだ。

---

**手がかりメモ**

### JAL（日本航空）

国内の主要航空会社の1つ。国際・国内線を幅広く持ち、世界的な航空連合「ワンワールド」に加盟。

● 2009年当時は？

2008年、リーマン・ショックによる金融危機などにより、経営難に。2010年には会社更生法の適用申請を行った。

## 問題 日本マクドナルドHD 2015年の決算書はどっち？

日本マクドナルドHDの2015年と2019年の損益計算書。
2015年はA年、B年のどちらでしょう？（★はヒント項目）

*一部の項目については、会計基準改正前の数値を置換しています。

### 連結損益計算書 <small>（単位：百万円）</small>

| | A年12月期 | B年12月期 | |
|---|---|---|---|
| 売上高 | 281,763 | 189,473 | ★ |
| 売上原価 | 225,666 | 187,665 | |
| 売上総利益 | 56,096 | 1,807 | ★ |
| 販売費及び一般管理費 | 28,078 | 25,247 | |
| 営業利益（損失） | 28,018 | △23,440 | ★ |
| 営業外収益 | 1,273 | 434 | |
| 営業外費用 | 1,804 | 2,893 | |
| 経常利益（損失） | 27,487 | △25,898 | |
| 特別利益 | — | — | |
| 特別損失 | 532 | 9,259 | |
| 税金等調整前当期純利益（損失） | 26,954 | △35,158 | |
| 法人税等合計 | 10,069 | △212 | |
| 親会社株主に帰属する当期純利益（損失） | 16,885 | △34,951 | ★ |

*単位未満切り捨てのため、合計が合わない場合がある。

A年は売上高も
大きいし、
順調そう〜

B年は、赤字だし、
よくない成績だね。
これはA年が
2019年でしょう！

詳しい解説を見てみましょう

**解説** 売上高と利益で一目瞭然。収益性の変化から
経営再建の成功を確認しましょう

ポイント
**❶** ＼最終利益／ A年は黒字で、B年は赤字

売上高も利益も、A年のほうが大きいですね。最終的な利益を比べると、A年は約168億円の黒字、B年は約349億円の赤字です。

2015年は、利益の出ていないB年でしょう？

**答え** その通り！
正解は **B年**

消費期限切れの鶏肉使用問題や異物混入事件により、2015年は顧客離れが進み、減収。過去最大の赤字となりました。

**おまけ**

ポイント
**❷** ＼収益性チェック／ 利益の出やすい体質に！

|  | A年 | B年 |
|---|---|---|
| 売上高総利益率<br><small>うりあげだかそう り えきりつ</small> | 19.9% | 1.0% |
| （売上高販管費率※）<br><small>うりあげだかはんかんひりつ</small> | 10.0% | 13.3%） |
| 売上高営業利益率 | 9.9% | -12.4% |

 売上高利益率
▶P134

※売上高販管費率は、「（販管費÷売上高）×100（％）」で求める。「売上高総利益率－営業利益率」でもよい。

利益率を見ると、A年のほうが格段によいですね！
A年は、売上原価や販管費といった費用を抑えて、
経営再建が成功したことが見て取れます

　2019年（A年）は、2015年より売上原価や販管費の比率を抑え、利益率を大幅に改善しました。**収益性が高まり、多少売上が減少しても利益の出る構造です。**

## 問題 JAL　2009年の決算書はどっち？

JALの2009年と2020年の決算書です。2009年のものは
A年、B年、どちらでしょうか？（★はヒント項目）

*一部の項目については、会計基準改正前の数値を置換しています。

### 連結損益計算書 （単位：百万円）

| | A年 3月期 | B年 3月期 | |
|---|---|---|---|
| 営業収益 | 1,411,230 | 1,951,158 | ★ |
| 事業費 | 1,076,148 | 1,687,881 | |
| 営業総利益 | 335,081 | 263,277 | ★ |
| 販売費及び一般管理費 | 234,449 | 314,162 | |
| 営業利益（損失） | 100,632 | △50,884 | ★ |
| 営業外収益 | 10,105 | 31,341 | |
| 営業外費用 | 8,166 | 62,634 | |
| 経常利益（損失） | 102,571 | △82,177 | |
| 特別利益 | 3,220 | 44,604 | |
| 特別損失 | 9,278 | 21,440 | |
| 税金等調整前当期純利益（損失） | 96,513 | △59,014 | |
| 法人税等合計 | 39,072 | 3,203 | |
| 非支配株主持分に帰属する当期純利益（損失） | 4,034 | 977 | |
| 親会社株主に帰属する当期純利益（損失） | 53,407 | △63,194 | ★ |

### 連結貸借対照表 （単位：百万円）

| 資産の部 | A年 3月期 | B年 3月期 | 負債の部 | A年 3月期 | B年 3月期 | |
|---|---|---|---|---|---|---|
| ★ 流動資産 | 525,995 | 487,029 | 流動負債 | 358,460 | 649,897 | ★ |
| 固定資産 | | | 固定負債 | 369,065 | 904,010 | |
| 　有形固定資産 | 997,807 | 1,031,021 | 負債合計 | 727,525 | 1,553,907 | |
| 　無形固定資産 | 95,777 | 79,548 | 純資産の部 | | | |
| 　投資その他の資産 | 239,781 | 152,010 | 株主資本 | 1,161,778 | 384,014 | ★ |
| 　固定資産合計 | 1,333,367 | 1,262,580 | その他の包括利益累計額 | △66,965 | △209,358 | |
| | | | 非支配株主持分 | 37,023 | 22,115 | |
| 繰延資産 | — | 1,068 | 純資産合計 | 1,131,836 | 196,771 | |
| 　資産合計 | 1,859,362 | 1,750,679 | 負債純資産合計 | 1,859,362 | 1,750,679 | |

*単位未満切り捨てのため、合計が合わない場合がある。

詳しい解説を見てみましょう

解説 経営破綻前との比較なので、安全性に注目。
収益性も変化しています

ポイント
**①** ＼安全性チェック／ 自己資本比率を比べよう

|  | A年 | B年 |
|---|---|---|
| 自己資本比率 | 58.9% | 10.0% |

自己資本比率
▶P158

まずは代表的な安全性指標である自己資本比率を比べてみましょう。A年は6割近くが自己資本で、事業を続ける体力は十分です。一方、B年は10.0%と、心許ない自己資本比率です。A年とB年の流動負債、固定負債を見比べると、いずれもB年のほうがずいぶんと多いですね。

> B年は、A年の2倍以上の負債額！ B年の安全性が低いのももっともですね

ポイント
**②** ＼安全性チェック／ 短期の支払い能力を比較

流動比率
▶P152

|  | A年 | B年 |
|---|---|---|
| 流動比率 | 146.7% | 74.9% |

次は、短期の支払い能力を見る流動比率の面から、安全性を調べてみましょう。A年の流動比率は146%ありますから、問題ないでしょう。一方、B年は100%を切っています。1年以内の支払い能力に不安があり、資金繰りに問題が発生する可能性があるといえます。

> 2倍くらい違うね。B年は、キビシイな……

ポイント
### ③ ＼収益性チェック／ 売上高と最終利益を見てみよう

| | A年 | B年 |
|---|---|---|
| 売上高 | 1,411,230 | 1,951,158 |
| 最終利益 | 53,407 | △63,194 |

連結損益計算書から、収益性を見てみましょう。**売上高はB年のほうが多い半面、利益はA年のほうが多い**ですね。B年はなんと、純損失です。

> 売上高が少なめでも利益がちゃんと出るA年に対して、B年では利益が残せていません……

ポイント
### ④ ＼収益性チェック／ 売上高利益率を見てみよう

| | A年 | B年 | |
|---|---|---|---|
| 売上高総利益率 | 23.7% | 13.5% | |
| （売上高販管費率 | 16.6% | 16.1%） | 売上高利益率 ▶P134 |
| 売上高営業利益率 | 7.1% | −2.6% | |

　B年の利益が出ない構造は、両年の売上高総利益率と売上高販管費率からも明らかですね。総利益率を上げ、販管費率を下げる財政再建が必要です。

> 安全性が高く、売上が小さくても利益がきちんと出る収益構造のA年が、2020年ですね！

**答え** 安全性指標の低い**B年が2009年**です。A年・2020年は、コロナ禍の影響を受けた3月を含んでいるにもかかわらず、財政再建によって安全性も収益性も回復していることがわかります。

## この会社を分析！①
# オリエンタルランド

**会社DATA** 1983年に東京ディズニーランド、2001年に東京ディズニーシーを開業。周辺のホテルリゾートを含め、巨大な夢の国を創り上げてきたオリエンタルランドですが、2020年には、コロナ禍で臨時休園した期間がありました。

〈主なできごと〉
2020年2月29日〜6月30日：新型コロナウイルスの影響で臨時休園。

## 連結損益計算書

（単位：百万円）

| | 2018年3月期 | 2019年3月期 | 2020年3月期 | |
|---|---|---|---|---|
| 売上高 | 479,280 | 525,622 | 464,450 | ポイント❷ |
| 売上原価 | 302,771 | 326,283 | 300,601 | |
| 売上総利益 | 176,508 | 199,339 | 163,849 | |
| 販売費及び一般管理費 | 66,223 | 70,061 | 66,986 | ポイント❷ |
| 営業利益 | 110,285 | 129,278 | 96,862 | |
| 営業外収益 | 2,443 | 2,198 | 2,582 | |
| 営業外費用 | 1,068 | 2,037 | 1,382 | |
| 経常利益 | 111,660 | 129,439 | 98,062 | |
| 特別利益 | 1,336 | — | 341 | |
| 特別損失 | — | — | 9,270 | |
| 税金等調整前当期純利益 | 112,997 | 129,439 | 89,133 | |
| 法人税等合計 | 31,805 | 39,153 | 26,916 | |
| 当期純利益 | 81,191 | 90,286 | 62,217 | |
| 親会社株主に帰属する当期純利益 | 81,191 | 90,286 | 62,217 | |

〈特別損失の内訳〉
臨時休園による損失
9,270百万円

〈入園者数〉
2018年4月〜2019年3月　32,558（千人）
2019年4月〜2020年3月　29,008（千人）前期比89.1%

利益もガクッと
減っているね

## 連結貸借対照表

れん けつ たい しゃく たい しょうひょう

(単位：百万円)

| 資産の部　ポイント ② | 2019年3月期 | 2020年3月期 | 負債の部 | 2019年3月期 | 2020年3月期 ポイント ❶ |
|---|---|---|---|---|---|
| **流動資産** | | | 流動負債 | 154,652 | 100,495 |
| 現金及び預金 | 377,551 | 261,164 | 固定負債 | 93,601 | 89,898 |
| 受取手形及び売掛金 | 22,083 | 7,225 | | | |
| 有価証券 | 20,999 | 19,999 | | | |
| その他 | 21,200 | 28,350 | ポイント ❶ | | |
| 流動資産合計 | 441,835 | 316,741 | | | |
| **固定資産** | | | | | |
| 有形固定資産 | | | 負債合計 | 248,253 | 190,394 |
| 建物及び構築物※ | 270,971 | 291,012 | 純資産の部 | | |
| 土地 | 117,653 | 117,653 | 株主資本 | 782,674 | 810,298 |
| 建設仮勘定 | 82,342 | 152,165 | その他の包括利益累計額 | 20,526 | 9,958 |
| その他※ | 43,353 | 49,754 | | | |
| 有形固定資産合計 | 514,322 | 610,586 | | ポイント ❸ | |
| 無形固定資産 | 13,770 | 16,334 | | | |
| 投資その他の資産 | 81,527 | 66,989 | | | |
| 固定資産合計 | 609,619 | 693,910 | 純資産合計 | 803,201 | 820,257 |
| 資産合計 | 1,051,455 | 1,010,651 | 負債純資産合計 | 1,051,455 | 1,010,651 |

※減価償却累計額を差し引いた純額。

〈主なできごと〉
2019年に新アトラクションが、2020年に新エリアがオープン

## 連結キャッシュフロー計算書

(単位：百万円)

| | 2018年3月期 | 2019年3月期 | 2020年3月期 |
|---|---|---|---|
| 営業活動によるキャッシュフロー | 122,860 | 134,974 | 73,336 |
| 投資活動によるキャッシュフロー | △44,981 | △135,360 | 20,534 |
| 財務活動によるキャッシュフロー | △33,345 | 36,601 | △55,257 |
| その他 | 14 | △14 | ― |
| 現金及び現金同等物の増減額（△は減少） | 44,548 | 36,200 | 38,613 |
| 現金及び現金同等物の期首残高 | 141,801 | 186,350 | 222,551 |
| 現金及び現金同等物の期末残高 | 186,350 | 222,551 | 261,164 |

〈投資キャッシュフローの主な内訳〉 ポイント ❹

(単位：百万円)

| | 2018年3月期 | 2019年3月期 | 2020年3月期 |
|---|---|---|---|
| 有形固定資産の取得による支出 | △55,122 | △78,574 | △126,974 |

ポイント ❹

*単位未満切り捨てのため、合計が合わない場合がある。

詳しい解説を見てみましょう

# もし休園が続いていたらどうなった？

## ポイント ❶ ＼安全性チェック／ 短期の支払い能力は？

流動資産と流動負債の金額を見て、「流動比率」を計算してみましょう

流動資産 3,167 億円、流動負債 1,004 億円。資産が 3 倍くらい多いですね！

流動比率
▶P152

　休園中でも、さまざまな支払いはゼロにはなりません。手元のお金は、会社の存続を左右する重要な要因です。**オリエンタルランドの場合は、短期間の支払能力をはかる流動比率が約315％**。一般に 100 ～ 150％でよいとされていますから、とても優秀。1 年以内の短期の支払いに困ることはまずないでしょう。

---

## ポイント ❷ ＼安全性チェック／ 現金・預金だけで回せる期間は？

休園って、売上がゼロですよね？　本当に大丈夫でしょうか……

2020 年の営業費用と同程度の費用が出ると仮定して、現預金で回せる期間を計算してみましょう

　2020 年の営業費用で、現預金の支払いを伴うものは 328,140 百万円※。これで「現金及び預金」額を割ると下の通り。10 カ月ほど、現預金だけで回せることがわかります。休園に伴って営業費用が減れば、より長く回せるはずです。

【計算式】

$$\frac{現金及び預金\ 261,164百万円}{1年間の営業にかかるお金\ 328,140百万円} = 約0.8年 = 約9.6\,カ月$$

※簡易的な計算ですが、ここでは次のように、現預金の支払いを伴う営業費用を求めています。「1年間の営業費用〔売上原価300,601＋販管費66,986〕－現預金の支払いを伴わない減価償却費39,447（本書では割愛したが、営業CFの内訳項目から抜粋）＝328,140（百万円）」

## ポイント ❸ ＼安全性チェック／ 自己資本比率を計算しよう

自己資本比率が 81.2％もあるため、銀行からの借り入れも問題なくできることが予想されます

【計算式】

$$\frac{\substack{\text{自己資本}\\(\text{株主資本 } 810,298 + \text{その他の包括 } 9,958)\\\text{百万円} \qquad \text{利益累計額 百万円}}}{\text{総資産 } 1,010,651 \text{百万円}} = \text{自己資本比率 } 81.2\%$$

> 自己資本比率
> ▶P158

　仮に、手元の現預金で回せないほど休園が続いても、**自己資本比率が非常に高いので、問題なく借り入れができる**と考えられます。実際、2020 年 5 月に2000 億円の融資枠（コミットメントライン）を銀行と締結しました。一定期間内に一定の枠内で融資を受けられる契約で、利子とは別に手数料を支払います。

## ポイント ❹ ＼成長性チェック／ 投資キャッシュフローに注目！

投資キャッシュフローの内訳にある「有形固定資産の取得による支出」の推移に注目してみます

これは、たしか設備投資に関係していて、**会社の成長性を推測できる**んでしたよね？

> 成長性
> チェック
> ▶P165

　**テーマパーク事業という性格から、設備投資は必須**。近年はとくに投資活動を活発に行っており、前期は 78,574 百万円、当期は 126,974 百万円も有形固定資産の取得に支出しています。2019 年はディズニーシーで新アトラクションがオープン。2020 年はディズニーランドで新アトラクションと新エリアがオープンしました。さらに、ディズニーシーでの新エリアや新ホテルの開発も進められています。これらの施設が当初の予定通り稼動していけば、投資分の回収が進み、成長が見込めるでしょう。

**PART6 ▼ あの有名企業はどんな会社？ 決算書の読み方【実践編】**

193

## この会社を分析！②
# メルカリ

**会社DATA** 2013年に(株)コウゾウとして出発し、個人間で取引を行うフリマアプリ「メルカリ」サービスを開始。アメリカ版メルカリ、スマホ決済サービス「メルペイ」を加えた3事業を展開し、急成長を遂げています。

〈主なできごと〉
創業から6期目の2018年に、業績赤字が続くなかで上場。

## 連結損益計算書
（れん けつ そん えき けい さん しょ）

（単位：百万円）

| | 2018年6月期 | 2019年6月期 | 2020年6月期 | ポイント |
|---|---|---|---|---|
| 売上高 | 35,765 | 51,683 | 76,275 | ●1 |
| 売上原価 | 6,806 | 12,864 | 20,661 | |
| 売上総利益 | 28,958 | 38,818 | 55,613 | |
| 販売費及び一般管理費 | 33,381 | 50,968 | 74,921 | |
| 営業損失（△） | △4,422 | △12,149 | △19,308 | |
| 営業外収益 | 37 | 91 | 211 | |
| 営業外費用 | 355 | 112 | 295 | |
| 経常損失（△） | △4,741 | △12,171 | △19,391 | |
| 特別損失 | 193 | 396 | 1,127 | |
| 税金等調整前当期純損失（△） | △4,935 | △12,567 | △20,519 | |
| 法人税等合計 | 2,106 | 1,197 | 2,440 | |
| 当期純損失（△） | △7,041 | △13,764 | △22,959 | |
| 非支配株主に帰属する当期純損失（△） | — | — | △186 | ポイント |
| 親会社株主に帰属する当期純損失（△） | △7,041 | △13,764 | △22,772 | ●1 |

〈経営戦略〉
2019年、キャッシュレス決済サービス「メルペイ」をスタート。メルカリの販売手数料などに加え、メルペイの決済手数料を得るビジネスモデルに。

売上がグンと増えて現金もたっぷりあるね！……あれ？赤字も急増中!?

## 連結貸借対照表

れんけつたいしゃくたいしょうひょう

(単位：百万円)

| 資産の部 | 2019年6月期 | 2020年6月期 | 負債の部 ポイント❷ | 2019年6月期 | 2020年6月期 |
|---|---|---|---|---|---|
| **流動資産** | | | **流動負債** | | |
| 現金及び預金 | 125,578 | 135,747 | 預り金 | 45,818 | 83,954 |
| その他流動資産 | 26,234 | 33,528 | その他流動負債 | 15,196 | 26,174 |
| 流動資産合計 | 151,813 | 169,277 | 流動負債合計 | 61,014 | 110,128 |
| **固定資産** | | | **固定負債** | 51,734 | 52,516 |
| 有形固定資産 | 1,883 | 2,905 | 負債合計 | 112,748 | 162,645 |
| 無形固定資産 | 1,081 | 679 | 純資産の部 | | |
| 投資その他の資産 | 8,907 | 25,151 | **株主資本** | | |
| | | | 資本金 | 40,110 | 41,440 |
| | | | 資本剰余金 | 40,089 | 41,396 |
| | | | 利益剰余金 | △29,097 | △51,870 |
| | | ポイント❸ | 株主資本合計 | 51,102 | 30,966 |
| | | | その他の包括利益累計額 | △165 | 3,819 |
| | | | 非支配株主持分 | — | 582 |
| 固定資産合計 | 11,871 | 28,736 | **純資産合計** | 50,936 | 35,368 |
| **資産合計** | 163,685 | 198,014 | **負債純資産合計** | 163,685 | 198,014 |

流動負債にある
「預り金」が
倍増しているね

利益の貯金箱である
利益剰余金の
マイナスが大きく
なっているわ……

利益剰余金
▶P94

## 連結キャッシュフロー計算書

(単位：百万円)

| | 2018年6月期 | 2019年6月期 | 2020年6月期 |
|---|---|---|---|
| 営業活動によるキャッシュフロー | △3,437 | △7,289 | 12,533 |
| 投資活動によるキャッシュフロー | △1,944 | △2,805 | △2,653 |
| 財務活動によるキャッシュフロー | 63,617 | 32,200 | 465 |
| その他 | 58 | △391 | 13 |
| 現金及び現金同等物の増減額 | 58,294 | 21,713 | 10,358 |
| 現金及び現金同等物の期首残高 | 50,863 | 109,157 | 130,774 |
| 現金及び現金同等物の期末残高 | 109,157 | 130,774 | 141,008 |

ポイント❹

詳しい解説を見てみましょう

＊単位未満切り捨てのため、合計が合わない場合がある。

## 売上も赤字も増加が続くワケを探れ！

### ポイント ❶ ＼連結損益計算書／ 売上高と利益（損失）に注目！

> まず注目したいのは、売上高の増加です。利益（損失）と見比べてみましょう

> 売上がぐんと伸びて、損失も増えています。「増収減益」（P60）ですね

　売上は順調に伸びていて、前々期、前期ともに前年比の伸び率は44％以上。それなのに、損失も増え続けており、最終利益はマイナスの「増収減益」です。これは、売上の伸び率以上に費用の増加率が高いから。売上高から売上原価を差し引いた売上総利益は出ていますが、販管費が非常に大きく、しかも年々増えています。そのために、利益が食いつぶされてしまっている状態です。

---

### ポイント ❷ ＼連結貸借対照表／ 負債のなかの「預り金」とは？

> 流動負債の「預り金」は、一時的に会社が預かったお金です。どんなお金かわかりますか？

> メルカリって出品した商品が売れたら、売上金をメルカリ内にためておけますよね？　メルカリが一時的に預かるから、これが「預り金」かな？

　メルカリはユーザーが出品した商品の売上金を「預り金」として管理しています。でもこれはユーザーのお金で、いずれ返さなくてはならない「負債」。ユーザーが増えて商品が売れるほど、預り金が増えて負債も、総資産（現金及び預金など）も増えていく構造です。利益となるのは、ユーザーが商品を買ったときやメルペイ決済をしたときの手数料。預り金が多くなるほど、利益を生むチャンスも増えるというわけです。

## ポイント ❸ ＼安全性チェック／ 自己資本比率の推移を見よう

次は、会社の安全性を見る指標「自己資本比率」の推移に着目してみましょう

2020年の場合…

$$\frac{自己資本^{※}\ 34,785百万円}{総資本\ 198,014百万円} \times 100(\%) = 約17.6\%$$

自己資本比率

自己資本比率
▶P158

※自己資本は、「株主資本＋その他の包括利益累計額合計」で計算（P143参照）。

〈自己資本比率の推移〉

| 2017年 | 2018年 | 2019年 | 2020年 |
|--------|--------|--------|--------|
| 8.1% | 46.2% | 31.1% | 17.6% |

　自己資本比率は2018年に46.2%と急激に高くなっています。これは、東証マザーズへの上場で大幅な増資をしたためです。その後は、**利益剰余金が減ったことと、預り金を含めた負債が増えたことで、自己資本比率は低下**しました。預り金という特殊な事情もありますが、借入金が多いことも推測されます。

---

## ポイント ❹ ＼成長性チェック／ 将来もずっと赤字が続く？

結局、メルカリはどうして赤字なのかな？

投資や、シェア獲得のための活動に積極的だからです。投資・財務CFや、販管費を見てみましょう

　キャッシュフロー計算書は、**財務CFが常にプラスで借入などが続く一方、投資CFは常にマイナス**。借りたお金などを投資につぎ込んでいます。じつは、2020年、損益計算書の販管費の約45%が広告宣伝費。メルカリのようなプラットフォームビジネスでは、いかに多くのユーザーを獲得するかが勝負。固定ユーザー獲得までの投資段階が終われば、順調に黒字化する見込みがあります。

## 2社比較クイズ

# しまむら／ユナイテッドアローズ

国内で約9兆円もの市場規模を持つアパレル業界。この2社を取り上げて比較分析してみましょう。

アパレル企業のしまむらとユナイテッドアローズ（UA）、それぞれどんなイメージがありますか？

しまむらはとりあえず安い！　あと、車で出かけたときに立ち寄ることが多いな

ユナイテッドアローズは、おしゃれですよね。その分、しまむらよりはお高め。駅ビルやショッピングセンターに入っているイメージです

そうですね。こんなふうに、同業他社を比較するときは、損益計算書（そんえきけいさんしょ）や貸借対照表（たいしゃくたいしょうひょう）を見る前に、それぞれの会社の情報を整理しておきましょう

事業内容や、店舗展開をはじめとする経営方針などですね！

有価証券報告書などをチェック
▶P128

そうした情報が、決算書の数字を読み取るときの重要な"手がかり"になります。今回の2社は、右ページのメモにまとめました

## 手がかりメモ

### しまむら

1953年に島村呉服店を設立。1972年に社名をしまむらに。若者やファミリー向けの衣料品などを販売する事業を展開している。

### ユナイテッドアローズ (UA)

1989年設立。国内外のデザイナーズブランドやオリジナル企画の紳士服・婦人服、雑貨など販売するセレクトショップを展開。

### ① 商品の価格帯

**しまむら：低価格帯**
**UA：高価格帯**

高価格帯の商品を扱っているユナイテッドアローズのほうが、付加価値が大きく、売上高総利益率が高くなりやすいかも。

### ② 店舗数

**しまむら：2,158店**
**UA：359店**

（※グループ全体の店舗数。2020年3月時点）

店舗数はしまむらが圧倒的に多いことから、売上や資産の規模、固定資産の割合が多くなると予想される。

### ③ 店舗展開

**しまむら：郊外型の店舗が多い**
**UA：商業施設型店舗が多い**

郊外型の店舗なら固定資産として取得している可能性がある。商業施設型店舗では家賃の支払いが多くなりそう。

### ④ 商品の調達方法

**しまむら：仕入れ**
**UA：仕入れ＋オリジナル商品**

仕入れ商品が中心のしまむらに対し、ユナイテッドアローズは、オリジナル商品の企画、製造、販売も行っている。

自分の知識や会社のビジネスモデルからどんな決算書になるか予想するのもよい勉強になります

推理してみるんだワン！

## 問題 しまむらの決算書はどっち？

しまむらとユナイテッドアローズの主な決算データをまとめました。A社とB社、どちらがしまむらの決算書でしょうか？（★はヒント項目）

### 連結損益計算書 (単位：百万円)

| | A社 2020年2月期 | B社 2020年3月期 | |
|---|---|---|---|
| 売上高 | 521,982 | 157,412 | ★ |
| 売上原価 | 352,307 | 77,429 | |
| 売上総利益 | 169,675 | 79,983 | ★ |
| 営業収入 | 912 | — | |
| 営業総利益 | 170,587 | — | |
| 販売費及び一般管理費 | 147,602 | 71,224 | |
| 営業利益 | 22,985 | 8,758 | ★ |
| 営業外収益 | 888 | 329 | |
| 営業外費用 | 18 | 285 | |
| 経常利益 | 23,855 | 8,803 | |
| 特別利益 | — | — | |
| 特別損失 | 3,061 | 2,582 | |
| 税金等調整前当期純利益 | 20,793 | 6,221 | |
| 法人税等合計 | 7,667 | 2,041 | |
| 当期純利益 | 13,125 | 4,179 | |
| 非支配株主に帰属す当期純利益 | — | 656 | |
| 親会社株主に帰属する当期純利益 | 13,125 | 3,522 | |

## 5つの利益を図解化！

**A社** (百万円)

| | |
|---|---|
| 売上高 | 521,982 |
| 売上総利益 | 169,675 |
| 営業利益 | 22,985 |
| 経常利益 | 23,855 |
| 税金等調整前当期純利益 | 20,793 |
| 最終利益 | 13,125 |

**B社** (百万円)

| | |
|---|---|
| 売上高 | 157,412 |
| 売上総利益 | 79,983 |
| 営業利益 | 8,758 |
| 経常利益 | 8,803 |
| 税金等調整前当期純利益 | 6,221 |
| 最終利益 | 3,522 |

# 連結貸借対照表 Ⓐ社 Ⓑ社 (単位：百万円)

| 資産の部 | 2020年2月期 | 2020年3月期 | 負債の部 | 2020年2月期 | 2020年3月期 |
|---|---|---|---|---|---|
| **流動資産** | | | **流動負債** | 37,158 | 23,658 |
| 現金及び預金 | 26,088 | 6,002 | 固定負債 | 4,921 | 4,275 |
| 商品 | 51,646 | 27,293 | | | |
| その他 | 162,377 | 12,699 | | | |
| 流動資産合計 | 240,113 | 45,997 | 負債合計 | 42,079 | 27,934 |
| **固定資産** | | | **純資産の部** | | |
| 有形固定資産 | | | **株主資本** | | |
| 建物及び構築物（純額） | 75,308 | 6,739 | 資本金 | 17,086 | 3,030 |
| 土地 | 49,140 | 569 | 資本剰余金 | 18,637 | 4,435 |
| 建設仮勘定 | 4,525 | 109 | 利益剰余金 | 327,567 | 37,003 |
| その他（純額） | 2,107 | 1,646 | 自己株式 | △1,400 | △5,833 |
| 有形固定資産合計 | 131,082 | 9,065 | 株主資本合計 | 361,890 | 38,634 |
| 無形固定資産 | 1,023 | 2,838 | その他の包括利益累計額 | 4,011 | 12 |
| 投資その他の資産 | 35,762 | 12,105 | 非支配株主持分 | — | 3,425 |
| 固定資産合計 | 167,868 | 24,009 | 純資産合計 | 365,901 | 42,072 |
| 資産合計 | 407,981 | 70,007 | 負債純資産合計 | 407,981 | 70,007 |

＊単位未満切り捨てのため、合計が合わない場合がある。

売上高や
資産合計の差を見ると
規模の違いが
けっこうあるね〜

う〜ん、やっぱり
Ａがしまむら
じゃないかしら？

詳しい解説を見てみましょう

PART6 ▶ あの有名企業はどんな会社？ 決算書の読み方【実践編】

201

解説 ポイントは「売上高や総資産の規模」、
そして「売上高利益率」です

ポイント
**①** ＼会社の規模／ 売上高や総資産を比べよう

|  | A社 | B社 |  | A社 | B社 |
|---|---|---|---|---|---|
| 売上高 | 521,982 | 157,412 | 総資産 | 407,981 | 70,007 |
|  |  |  |  |  | (百万円) |

　売上高も総資産も A 社のほうが、大きくなっています。A 社は、B 社より
も商売の規模がずっと大きいことがわかります。店舗数の差を考えると、A 社
がしまむらでしょうか？

連結貸借対照表の
有形固定資産の額は
A 社が 10 倍以上多い

A 社は、「土地」の額も
圧倒的に多いね。
数多くの土地があるのか、
地価の高い土地なのか……

ポイント
**②** ＼収益性チェック／ 売上高総利益率を比べよう

|  | A社 | B社 |  |
|---|---|---|---|
| 売上高総利益率 | 32.5% | 50.8% | 売上高利益率 ▶P134 |

　売上高は A 社のほうが高いですが、売上高総利益率、いわゆる粗利率は B
社のほうが高くなっています。B 社のほうが、売上原価にプラスする上乗せ分
が多く、商品力が高い、つまり収益性が高いといえます。

B 社のほうが付加価値の高い商品を扱っているん
だね

## ポイント ③ ＼収益性チェック／ 売上高営業利益率も見てみよう

|  | A社 | B社 |
|---|---|---|
| 売上高営業利益率 | 4.4% | 5.6% |

　売上高総利益率は、B社のほうが約18%も高いですが、売上高営業利益率で見ると、そこまでの差はついていません。営業利益率を左右する要因は販管費（はんかんひ）ですから、B社のほうが、販管費がかさんでいると推測できます。販管費の内訳を見ると、A社で多いのが「給与手当」、B社は「賃貸料」となっています。両社の違いがだいぶん見えてきましたね。

〈販管費で金額の大ききもの〉
A社　給与手当　　55,370
B社　賃貸料　　　22,545（百万円）

B社は、
テナントを
借りているのね！

## ポイント ④ ＼収益性チェック／ ROEとROAを比べてみよう

ROE ▶ P142
ROA ▶ P138

|  | A社 | B社 |  |  | A社 | B社 |
|---|---|---|---|---|---|---|
| ROE | 3.6% | 9.1% |  | ROA | 3.2% | 5.0% |

　最後は、収益性の指標であるROEとROAを比べてみましょう。自己資本に対してどれだけ利益を上げているかを見るのがROE、総資産に対してどれだけ利益を上げているかを見るのがROAでしたね。どちらもB社のほうが高く、効率よく利益を上げています。

　**低価格商品をたくさん売って利益を出すのがA社、付加価値の高い商品で効率よく稼いでいるのがB社と推測されます。**

答え

**A社**が、
しまむら！

しまむらは店舗数も多く、「薄利多売」のビジネスモデル。ユナイテッドアローズは店舗の多くが賃貸物件。自社製造で原価を下げて高い付加価値を加えることで、収益性を高めています。

## この2社を比較分析①
# バンダイナムコHD／
# タカラトミー

次は、
玩具業界の2社を
比べてみましょう

### バンダイナムコHD

会社DATA　バンダイとナムコの経営統合で誕生。ガンダム、ドラゴンボールなどの人気キャラクターを軸に置き、エンタメ事業を展開。

### タカラトミー

会社DATA　1924年創業の老舗。トミカ、プラレール、リカちゃん人形などの定番ブランドを持つ。おもちゃを中心にして世界中へ進出。

## 連結損益計算書

(単位：百万円)

| | バンダイナムコHD | タカラトミー | |
|---|---|---|---|
| | 2020年3月期 | 2020年3月期 | ポイント |
| 売上高 | 723,989 | 164,837 | 1 |
| 売上原価 | 463,041 | 98,472 | |
| 売上総利益 | 260,948 | 66,364 | |
| 販売費及び一般管理費 | 182,172 | 55,681 | |
| 営業利益 | 78,775 | 10,683 | |
| 営業外収益 | 2,461 | 552 | |
| 営業外費用 | 1,440 | 1,032 | |
| 経常利益 | 79,797 | 10,204 | |
| 特別利益 | 3,683 | 214 | |
| 特別損失 | 4,728 | 2,816 | |
| 税金等調整前当期純利益 | 78,753 | 7,601 | |
| 法人税等合計 | 20,845 | 3,066 | |
| 当期純利益 | 57,908 | 4,535 | |
| 非支配株主に帰属する当期純利益 | 242 | 27 | |
| 親会社株主に帰属する当期純利益 | 57,665 | 4,507 | |

〈売上高の推移〉　ポイント 1

(百万円)

| | 2016年 | 2017年 | 2018年 | 2019年 | 2020年 |
|---|---|---|---|---|---|
| バンダイナムコHD | 575,504 | 620,061 | 678,312 | 732,347 | 723,989 |
| タカラトミー | 163,067 | 167,661 | 177,366 | 176,853 | 164,837 |

〈有形固定資産の主な内訳〉
バンダイナムコHD
アミューズメント施設・機器など

タカラトミー
建物及び構築物など

## 連結貸借対照表

（単位：百万円）

| | バンダイナムコHD | タカラトミー | | バンダイナムコHD | タカラトミー |
|---|---|---|---|---|---|
| | 2020年3月期 | 2020年3月期 | | 2020年3月期 | 2020年3月期 |
| 資産の部 | | | 負債の部 | | |
| **流動資産** | 383,662 | 87,153 | **流動負債** | 142,506 | 36,338 |
| **固定資産** | | | **固定負債** | 22,628 | 25,504 |
| 　有形固定資産 | 96,906 | 13,048 | **負債合計** | 165,135 | 61,843 |
| 　無形固定資産 | 27,423 | 22,685 | 純資産の部 | | |
| 　投資その他の資産 | 111,827 | 6,365 | 株主資本 | 453,069 | 56,394 |
| | | | その他の包括利益累計額 | △3,776 | 10,255 |
| | | | 新株予約権 | — | 336 |
| | | | 非支配株主持分 | 5,392 | 423 |
| 　固定資産合計 | 236,157 | 42,099 | 純資産合計 | 454,684 | 67,410 |
| **資産合計** | 619,819 | 129,253 | **負債純資産合計** | 619,819 | 129,253 |

ポイント

主な有形固定資産は
それぞれ違うね。
アミューズメント施設って
何だろう？

キャラクター
ショップや
ゲームセンター
じゃない？

## 連結キャッシュフロー計算書

（単位：百万円）

| | バンダイナムコHD | タカラトミー |
|---|---|---|
| | 2020年3月期 | 2020年3月期 |
| 営業活動によるキャッシュフロー | 43,131 | 9,006 |
| 投資活動によるキャッシュフロー | △23,067 | △3,381 |
| 財務活動によるキャッシュフロー | △35,258 | △12,274 |
| その他 | △2,531 | △262 |
| 現金及び現金同等物の増減額 | △17,726 | △6,912 |
| 現金及び現金同等物の期首残高 | 206,270 | 53,817 |
| その他 | 123 | — |
| 現金及び現金同等物の期末残高 | 188,667 | 46,904 |

ポイント❷

詳しい解説を見てみましょう

＊単位未満切り捨てのため、合計が合わない場合がある。

## エンタメ事業を幅広く扱う？ 玩具に集中する？

### ポイント ① ＼連結損益計算書／ 売上高の推移を見てみよう

> 2社の売上高を比べると、バンダイナムコHDが4倍以上多いですね。でも、それ以上に注目したいのは、売上高の推移（5年分）です

> タカラトミーは、5年前とあまり変わらない一方、バンダイナムコHDは、大きく増えましたね

2020年は両社ともコロナの影響を受けたようで、2019年に比べ減収減益となりました。注目すべきは伸び率です。2016年〜2020年の売上高伸び率を見ると、タカラトミーが1.1%なのに対し、バンダイナムコHDは25.8%と大きな差があります。

売上高伸び率
▶P61

---

### ポイント ② ＼連結キャッシュフロー計算書／ 投資CFに注目！

> 同じ玩具業界でこんなに「売上高伸び率」に差が出たのはどうして？　ヒット商品の違いとか？

> 理由は複数ありますが、ここでは「投資キャッシュフロー」に注目してみましょう

営業キャッシュフローに対する投資キャッシュフローの比率は、タカラトミーが37.5%、バンダイナムコHDは53.5%。**バンダイナムコHDのほうが積極的に投資活動を行っています**。過去5年を見ても、その傾向は続いていました。

> 売上高に対する「研究開発費」の割合や中身からも、成長性を読むことができます（P164参照）

## ポイント ③ ＼安全性チェック／ 自己資本比率（じこしほんひりつ）の違いは？

投資額も割合も多いバンダイナムコ HD は、借入金の額も多いのかな？

よい予想の立て方ですね。自己資本比率を見て、確かめてみましょう

|  | バンダイナムコHD | タカラトミー |
|---|---|---|
| 自己資本比率 | 72.5% | 51.6% |

自己資本比率
▶P158

　自己資本比率は 50％を超えれば OK とされているので、どちらの会社も問題ありません。ただ、バンダイナムコ HD は積極的に投資活動をしながらも、高い自己資本比率をキープしているのは優秀。**借入に頼らず、稼いだ利益を投資に回している**ことがわかります。

## ポイント ④ ＼収益性チェック／ ROE と ROA を比べよう

最後に、収益性を見ていきましょう。ROE と ROA の数値を比べます

|  | バンダイナムコHD | タカラトミー |  |  | バンダイナムコHD | タカラトミー |
|---|---|---|---|---|---|---|
| ROE | 12.8% | 6.8% |  | ROA | 9.3% | 3.5% |

ROE ▶P142
ROA ▶P138

　タカラトミーも悪くはありませんが、**ROE・ROA 共にバンダイナムコ HD が高く、投資した分をしっかり回収している**という印象。セグメント情報によると、とくにスマホアプリやゲームソフトが高い利益を出したことがわかります。おもちゃメーカーの枠を超えた**多角的な事業展開**が功を奏したといえます。

PART6 ▶ あの有名企業はどんな会社？ 決算書の読み方【実践編】

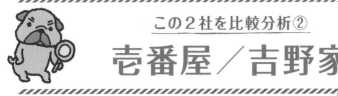

## この2社を比較分析②

# 壱番屋／吉野家

カレーと牛丼。
外食産業の2社
を見てみよう

### 壱番屋

会社DATA 1978年に創業。カレーハウスCoCo壱番屋を中心に飲食店を展開。グループ全体で1,487店舗（2020年2月）あり、その内69%がフランチャイズ店舗。

### 吉野家

会社DATA 吉野家、はなまるうどん、京樽などを運営。グループ全体で3,471店舗、うち吉野家は1,214店舗で売上の半分を占める。直営店舗が多くを占める。

## 連結損益計算書

（単位：百万円）

| | 壱番屋 | 吉野家 | ポイント |
|---|---|---|---|
| | 2020年2月期 | 2020年2月期 | ❶❷ |
| 売上高 | 51,495 | 216,201 | |
| 売上原価 | 26,941 | 76,252 | |
| 売上総利益 | 24,553 | 139,949 | ポイント ❶ |
| 販売費及び一般管理費 | | | |
| 給料手当 | 3,941 | 18,701 | |
| 雑給 | 2,845 | 40,582 | ポイント ❸ |
| その他 | 12,562 | 76,740 | |
| 販売費および一般管理費合計 | 19,349 | 136,023 | ポイント |
| 営業利益 | 5,204 | 3,926 | ❷ |
| 営業外収益 | 871 | 1,779 | |
| 営業外費用 | 651 | 2,335 | |
| 経常利益 | 5,424 | 3,369 | |
| 特別利益 | 60 | 188 | |
| 特別損失 | 583 | 2,526 | |
| 税金等調整前当期純利益 | 4,901 | 1,031 | |
| 法人税等合計 | 1,623 | 310 | |
| 当期純利益 | 3,277 | 721 | |
| 非支配株主に帰属する当期純利益 | 20 | 8 | |
| 親会社株主に帰属する当期純利益 | 3,257 | 713 | |

パートやアルバイトなどの給料。

## 連結貸借対照表

<sub>れん けつ たい しゃく たい しょう ひょう</sub>

(単位：百万円)

| ポイント | 壱番屋 2020年2月期 | 吉野家 2020年2月期 | | 壱番屋 2020年2月期 | 吉野家 2020年2月期 |
|---|---|---|---|---|---|
| 資産の部 ❹ | | | 負債の部 | | |
| **流動資産** | | | **流動負債** | | |
| 現金及び預金 | 19,754 | 22,604 | 買掛金(及び支払手形) | 2,496 | 6,313 |
| 売掛金(及び受取手形) | 3,012 | 8,005 | その他 | 4,109 | 31,646 |
| 商品及び製品 | 792 | 3,262 | 流動負債合計 | 6,605 | 37,963 |
| その他 | 1,241 | 7,431 | **固定負債** | | |
| 流動資産合計 | 24,801 | 41,303 | 長期借入金 | — | 27,757 |
| **固定資産** | | | リース債務 | 1,126 | 7,616 |
| 有形固定資産 | | | 長期預り保証金 | 5,262 | — |
| 建物及び構築物※ | 4,856 | 28,706 | その他 | 1,420 | 4,443 |
| 機械装置及び運搬具※ | 756 | 2,287 | 固定負債合計 | 7,809 | 39,818 |
| 土地 | 5,405 | 8,066 | 負債合計 | 14,414 | 77,782 |
| リース資産※ | 1,394 | 6,540 | 純資産の部 | | |
| その他※ | 571 | 5,993 | **株主資本** | | |
| 有形固定資産合計 | 12,984 | 51,595 | 資本金 | 1,503 | 10,265 |
| 無形固定資産 | 834 | 5,233 | 資本剰余金 | 1,388 | 11,504 |
| 投資その他の資産 | 6,817 | 28,034 | 利益剰余金 | 27,734 | 29,332 |
| | | | 自己株式 | △2 | △639 |
| | | | 株主資本合計 | 30,623 | 50,463 |
| | | | その他の包括利益累計額 | 124 | △2,666 |
| | | | 非支配株主持分 | 275 | 588 |
| 固定資産合計 | 20,637 | 84,863 | 純資産合計 | 31,023 | 48,385 |
| 資産合計 | 45,438 | 126,167 | 負債純資産合計 | 45,438 | 126,167 |

ポイント ❹（リース債務の欄）

※減価償却累計額を差し引いた純額。

＊単位未満切り捨てのため、合計が合わない場合がある。

ポイント ❹

吉野家の店舗数は
壱番屋の2倍以上、
売上高は4倍以上も
あるんだ！

でも、最終利益は
壱番屋のほうが
多いよ。
なんでだろう？

詳しい解説を見てみましょう

**PART6 ▶ あの有名企業はどんな会社？ 決算書の読み方【実践編】**

## 2社の違いは、"フランチャイズ"にある!?

### ポイント ① ＼収益性チェック／ 売上高総利益率を比べよう

店舗数も売上規模も異なる2社を見るなら、まず
は「売上高総利益率」を比べてみましょう

| | 壱番屋 | 吉野家 | |
|---|---|---|---|
| 売上高総利益率 | 47.7% | 64.7% | 売上高利益率 ▶P134 |

　両店のメニューを見ると、壱番屋は600〜800円前後が中心、吉野家は300〜500円前後の商品もあります。売上高総利益率(粗利率)は、価格帯の高い壱番屋のほうが高そうに見えますが、意外にも吉野家が上。なぜでしょうか？

　じつは、お客さま相手の売上をメインとする吉野家に対し、**壱番屋は売上の6割以上がフランチャイズ店舗向けの食材や消耗品の販売によるもの**。大きな上乗せは難しいという事情があるのです。

---

### ポイント ② ＼収益性チェック／ 売上高利益率を比べよう

**最終利益**は、壱番屋のほうが多いですね。どこで
逆転したのか、利益率をよく見てみましょう

| | 壱番屋 | 吉野家 | |
|---|---|---|---|
| 売上高営業利益率 | 10.1% | 1.8% | |
| 売上高経常利益率 | 10.5% | 1.6% | |
| 売上高当期純利益率 | 6.3% | 0.3% | 売上高利益率 ▶P134 |

　ポイント①の売上高総利益率は、吉野家のほうが17%ほど高いですが、**売上高営業利益率を見ると、壱番屋が逆転**。吉野家に対して8%ほど差をつけています。同様に、売上高当期純利益率まで壱番屋が高収益をキープしています。

## ポイント❸ ＼連結損益計算書／ 販管費に注目しよう

なぜ吉野家は、壱番屋に比べて営業利益が出ていないのでしょう？

ヒントは販管費にあります。販管費の割合や、その内訳に目を向けてみましょう

　売上高営業利益率を左右するのは販管費です。売上高に対する販管費の割合を見る「売上高販管費率（P186）」を計算すると、壱番屋が37.6％に対し、吉野家は62.9％。これが利益を圧迫していると考えられます。

　フランチャイズ店舗の多い壱番屋の場合、販管費は店舗負担が多く、本社負担は直営店分のみ。一方、**直営店が多い吉野家は、地代家賃や人件費の負担が大きいのです。**とくにパートなどに支払う給料（雑給）は販管費全体の約30％を占めます。

---

## ポイント❹ ＼安全性チェック／ 財政状況は安定している？

最後に、会社の安全性を比較してみましょう。「流動比率」と「自己資本比率」をチェックします

|  | 壱番屋 | 吉野家 |
| --- | --- | --- |
| 流動比率 | 375.5％ | 108.8％ |
| 自己資本比率 | 67.7％ | 37.9％ |

流動比率
▶P152
自己資本比率
▶P158

　**壱番屋は流動比率も自己資本比率も高いので、安全性は全く問題ありません。**吉野家はというと、流動比率100％超、自己資本比率30％超なので、まずは及第点でしょう。これより下がると心配ですが、飲食業は毎日、現金が入ってくるため、すぐ行き詰まることはなく、資金繰りは比較的楽だと考えられます。

## この2社を比較分析③
# コクヨ／
# アスクル

文具・オフィス用品業界からは、この2社を見ていきます

### コクヨ

会社DATA 総合文具業界トップ。文具やオフィス用品の製造・販売がメイン。カウネットなど、通販事業も行っている。オフィス家具の売上がいちばん大きい。

### アスクル

会社DATA 1993年に事務機器メーカーのプラスから生まれ、その後アスクルに。現在は、Zホールディングスの傘下。法人向けのオフィス用品の翌日配送サービスなど、通信販売で大きく成長。

## 連結損益計算書

（単位：百万円）

| | コクヨ | アスクル | ポイント |
|---|---|---|---|
| | 2019年12月期 | 2020年5月期 | |
| 売上高 | 320,200 | 400,376 | ❶❸ |
| 売上原価 | 206,265 | 304,692 | |
| 売上総利益 | 113,934 | 95,683 | |
| 販売費及び一般管理費 | 97,190 | 86,862 | |
| 営業利益 | 16,743 | 8,821 | |
| 営業外収益 | 2,711 | 440 | |
| 営業外費用 | 1,256 | 606 | |
| 経常利益 | 18,198 | 8,656 | |
| 特別利益 | 4,114 | 2 | |
| 特別損失 | 689 | 197 | |
| 税金等調整前当期純利益 | 21,623 | 8,460 | |
| 法人税等合計 | 6,235 | 2,750 | |
| 当期純利益 | 15,387 | 5,709 | |
| 非支配株主に帰属する当期純利益 | 83 | 56 | ポイント |
| 親会社株主に帰属する当期純利益 | 15,303 | 5,652 | ❶ |

〈主なできごと・コクヨ〉
2019年事業別成績は、オフィス家具販売などの区分がトップ。売上高1,520億円（営業利益153億円）。

〈主なできごと・アスクル〉
2017年、埼玉県の物流センターで火災事故が発生。サービスが滞り、甚大な被害を受けた。

## 連結貸借対照表

（単位：百万円）

| ポイント  | コクヨ | アスクル | | コクヨ | アスクル |
|---|---|---|---|---|---|
| | 2019年12月期 | 2020年5月期 | | 2019年12月期 | 2020年5月期 |
| **資産の部** | | | **負債の部** | | |
| **流動資産** | | | **流動負債** | 77,004 | 87,374 |
| 現金及び預金 | 65,565 | 63,260 | **固定負債** | | |
| 受取手形及び売掛金 | 64,672 | 38,701 | 長期借入金 | 8,389 | 13,679 |
| 商品及び製品 | 28,949 | 16,582 | 長期預り保証金 | 5,567 | — |
| 仕掛品 | 1,468 | — | リース債務 | — | 11,879 |
| 原材料及び貯蔵品 | 3,676 | 257 | その他 | 6,174 | 8,354 |
| その他 | 23,309 | 11,656 | 固定負債合計 | 20,132 | 33,914 |
| 流動資産合計 | 187,640 | 130,458 | **負債合計** | 97,136 | 121,289 |
| **固定資産** | | | **純資産の部** | | |
| 有形固定資産 | | | **株主資本** | | |
| 建物及び構築物※ | 18,716 | 5,166 | 資本金 | 15,847 | 21,189 |
| 機械装置及び運搬具※ | 5,464 | 2,255 | 資本剰余金 | 18,105 | 24,220 |
| 土地 | 31,595 | 137 | 利益剰余金 | 183,313 | 23,769 |
| リース資産※ | — | 13,003 | 自己株式 | △14,322 | △16,718 |
| その他 | 4,150 | 1,309 | 株主資本合計 | 202,943 | 52,461 |
| 有形固定資産合計 | 59,927 | 21,873 | その他の包括利益累計額 | 16,470 | △26 |
| 無形固定資産 | 7,544 | 10,574 | 新株予約権 | — | 7 |
| 投資その他の資産 | 63,303 | 11,208 | 非支配株主持分 | 1,865 | 382 |
| 固定資産合計 | 130,776 | 43,655 | **純資産合計** | 221,279 | 52,825 |
| **資産合計** | 318,416 | 174,114 | **負債純資産合計** | 318,416 | 174,114 |

ポイント 　ポイント

※減価償却累計額を差し引いた純額。
＊単位未満切り捨てのため、合計が合わない場合がある。

ポイント

売上高はアスクルが、最終利益はコクヨが大きいんだね

売上高の規模は同じくらいだけど総資産はずいぶん違うわ

詳しい解説を見てみましょう

## つくるコクヨと、つくらず薄利多売のアスクル

### ポイント ① ＼収益性チェック／ 売上高利益率を比べよう

損益計算書を見ると、売上高はアスクルが、最終利益はコクヨが大きいね。収益性の違いがあるはずだから、売上高利益率を見てみたいな

| | コクヨ | アスクル |
|---|---|---|
| この時点で差がついた！➡ 売上高総利益率 | 35.6% | 23.9% |
| 売上高営業利益率 | 5.2% | 2.2% |
| 売上高経常利益率 | 5.7% | 2.2% |
| 売上高当期純利益率 | 4.8% | 1.4% |

売上高利益率
▶P134

　コクヨは文具以外に、オフィス家具の製造なども手掛けており、付加価値の高い商品を扱っています。一方、アスクルはオリジナル商品もあるものの、メインは仕入販売。**収益性は、商品力の高いコクヨに軍配が上がります。**

### ポイント ② ＼連結貸借対照表／ 資産の内訳に注目！

"製造をするか、しないか"、2社の違いは、資産のバランスにもあらわれています

〈アスクル 主な有形固定資産の推移〉 (百万円)

| | 2017年 | 2018年 | 2019年 | 2020年 |
|---|---|---|---|---|
| 建物及び構築物（純額） | 15,745 | 5,133 | 5,058 | 5,166 |
| 土地 | 6,543 | 65 | 136 | 137 |
| リース資産（純額） | 5,063 | 14,819 | 14,122 | 13,003 |

　コクヨは製造工場や機器、アスクルは物流施設が必須。しかし、**アスクルは有形固定資産の割合が少ないうえ、「リース資産」が多く計上されています。**じつはアスクルは、2017年物流倉庫の火災事故を契機に、土地や建物などの資産を保有から賃借に切り替える方針。「持たざる経営」を目指しているのです。

## ポイント ❸ ＼効率性チェック／ 総資産回転率を調べよう

> アスクルの総資産は、コクヨのおよそ半分です。
> なのに、コクヨ以上の売上高ですね！

> 資産をどれだけ有効活用しているか、総資産回転率を比べてみましょう。回転率の違いには、両社の業態の違いも関係していますよ

|  | コクヨ | アスクル |
|---|---|---|
| 総資産回転率 | 1.0回 | 2.3回 |

**総資産回転率**
▶P146

　総資産回転率はアスクルが上ですが、"通信販売が中心"のアスクルと、"製造も行う"コクヨでは、違いが出て当然。また、アスクルはポイント❷の通り「持たざる経営」によって回転率を上げることに重点をおいたビジネスモデル。そのため、高い数字となっています。コクヨも、製造業の平均が0.8回、卸売業・小売業が1.7回であることを考えると、悪い数字ではありません。

## ポイント ❹ ＼安全性チェック／ 自己資本比率を比べよう

> 最後に、2社の安全性を見てみましょう

|  | コクヨ | アスクル |
|---|---|---|
| 自己資本比率 | 68.9% | 30.1% |

**自己資本比率**
▶P158

　コクヨは社歴が長いこともあって、利益剰余金がたっぷりたまっています。それが**68.9%という高い自己資本比率**に。アスクルの自己資本比率はコクヨより低いものの、流動比率や固定比率を見ても、安全性の心配はないでしょう。

# お役立ち用語集

カンタン
ひと言で解説！

## あ

● **赤字**（あかじ）
費用が収益を上回っている状態。またはその金額。

● **粗利**（あらり）
売上高から売上原価を差し引いた売上総利益のこと。

● **売掛金**（うりかけきん）
後日、支払ってもらう約束で販売した商品やサービスの代金。

● **運転資金**（うんてんしきん）
会社を経営していくにあたって必要な資金。

● **M&A**（エムアンドエー）
Mergers（合併）and Acquisitions（買収）の略。企業の合併買収。

## か

● **買掛金**（かいかけきん）
後日、支払う約束で購入した商品やサービスの代金。

● **会計**（かいけい）
利害関係者に報告するため、会社の金銭や物品の出入りを記録してまとめること。

● **会社法**（かいしゃほう）
会社の設立、組織、運営及び管理などについて定めた法律。

● **株価**（かぶか）
株式の価格のこと。株式市場での需要と供給のバランスで決まる。

● **株式**（かぶしき）
株式会社に出資した人（株主）の権利を示すもの。

● **株主**（かぶぬし）
株式会社に出資した人のこと。

● **為替**（かわせ）
手形や振込、小切手など、現金以外の方法による金銭取引の総称。

● **監査**（かんさ）
決算書が正しく作成されているかどうか、第三者が保証すること。

● **関連会社**（かんれんがいしゃ）
親会社が20％以上50％以下の株式を持つか、役員などで実質的に影響を及ぼしている会社。

● **金融商品取引法**（きんゆうしょうひんとりひきほう）
証券市場での有価証券の発行や売買などの取引について定めた法律。

● **黒字**（くろじ）
収益が費用を上回っている状態。またはその金額。

● **経済価値** (けいざいかち)
物やサービスに対していくら支払える
かという、金銭的な価値。

● **計上** (けいじょう)
収益・費用などの金額を1つひとつ明
らかにして、計算に組み込むこと。

● **公認会計士** (こうにんかいけいし)
会社の決算書の監査を行う会計の専門
家。国家資格を有する。

● **子会社** (こがいしゃ)
親会社が50％を超える株式を持つ、
または役員などを送り込み、実質的に
支配している会社。

● **小切手** (こぎって)
銀行を介して代金の支払いや受け取り
ができる有価証券。

**さ**

● **債権** (さいけん)
特定の相手に、代金の支払いなど特定
の行為を請求できる権利。

● **財産** (ざいさん)
有形無形の価値のあるものの総称。借
金も財産のうちと考えられる。

● **財テク** (ざいテク)
株式や債券、不動産などに投資し、余
剰資金を増やそうとすること。

● **債務** (さいむ)
特定の相手に、代金を支払うなど、果
たさなければならない義務。

● **財務** (ざいむ)
会社の資金繰りや予算管理、資金調達、
資金運用などを行うこと。

● **債務超過** (さいむちょうか)
負債が資産を上回っている状態。

● **仕入れ** (しいれ)
販売する目的で、商品や原材料などを
購入すること。

● **時価** (じか)
定まった価格のない商品の、その時に
おける価格。

● **資金繰り** (しきんぐり)
支払いと入金のタイミングを見計らっ
て、資金をやりくりすること。

● **資金調達** (しきんちょうたつ)
事業に必要な資金を調達すること。金
融機関からの借入、増資、資産の売却
などの方法がある。

● **四半期決算** (しはんきけっさん)
年に4回、3ヵ月ごとに行う決算。上
場企業に義務付けられている。

● 指標 (しひょう)
会社の経営状態の判断や評価に用いられる目印。決算書の数値を活用した、さまざまな指標がある。

● 出資 (しゅっし)
事業を営むための資金を出すこと。

● 取得価額 (取得原価)
 (しゅとくかがく・しゅとくげんか)
物や土地などの購入時の価額のこと。

● 償還 (しょうかん)
債券や投資信託で調達した資金を、投資家に返却すること。

● 上場企業 (じょうじょうきぎょう)
株式を証券取引所で売買できる会社。

● 新株 (しんかぶ)
株式会社が新しく発行する株式。増資や合併などで発行される。

### た

● 地代家賃 (ちだいやちん)
事務所や店舗、工場の家賃や、土地・駐車場の使用料など。

● 知的財産 (ちてきざいさん)
人の創造的活動で生み出された価値のある情報。著作物、新技術、ノウハウ、デザイン、商標など。

● 中間決算 (ちゅうかんけっさん)
1年間の事業年度のなかで、中間に行う決算。

● 帳簿 (ちょうぼ)
会社のお金や物品の出入りを継続的に記載したもの。

● 帳簿価額 (ちょうぼかがく)
帳簿に記載された資産や負債の価額。

● 定期預金 (ていきよきん)
半年、1年など、定められた一定の期間内は引き出しができない預金。

● 手形 (てがた)
一定の金額の支払いを約束する有価証券。

● 当座預金 (とうざよきん)
預金者が振り出した小切手や手形の支払いをするための預金。原則として無利子。

● 投資 (とうし)
将来の利益を増やすことを目的として、資金を投じること。設備投資、人材投資、株式投資など。

### な

● のれん
買収された企業の時価総額と、買収額との差額。買収された企業の目に見えない価値を表すもの。

● **配当**（はいとう）

株主の持つ株式数に応じて、会社の利益を割り当てて配ること。配当された金銭を配当金という。

● **販管費**（はんかんひ）

会社の販売及び一般管理業務に関して発生したすべての費用。

● **販促**（はんそく）

販売促進の略。購買意欲を高めるための、さまざまな手段。

● **ビジネスモデル**

どのような商品やサービスを、誰に、どのように販売して、利益を出すかというしくみ。

● **付加価値**（ふかかち）

商品やサービスを生み出す過程で独自に付け加えられた価値。

● **フランチャイズ**

本社が加盟店に商品やサービスの販売権を与え、加盟店から手数料（ロイヤリティ）を得るシステム。

● **不渡り**（ふわたり）

小切手や手形が、預金不足などで支払われなかったこと。

● **包括利益**（ほうかつりえき）

当期純利益に、長期保有している有価証券や土地の含み損益など、そのほかの損益を加えたもの。

● **簿記（複式簿記）**（ぼき・ふくしきぼき）

取引を「原因（売買など）」と「結果（資産の増減）」の両面からとらえ、仕訳という手法で記載する。

● **有価証券**（ゆうかしょうけん）

株券や債券、投資信託、小切手、手形などの換金価値を持つ証券。

● **融資**（ゆうし）

事業のために必要なお金を銀行から借り入れること。

● **有利子負債**（ゆうりしふさい）

利子（利息）をつけて返済しなければならない借金のこと。

● **利息**（りそく）

お金を貸し借りしたときに、その使用料として、一定の割合で支払う、または受け取る金銭のこと。

# キーワードさくいん

**参考資料**

『【最新版】日本一やさしい決算書の学校』今村正監修（ナツメ社）

『決算書はここだけ読もう』矢島雅己著（弘文堂）

『オールカラー "ギモン" から逆引き！決算書の読み方』南伸一著（西東社）

『会計超入門！知識ゼロでも２時間で決算書が読めるようになる！改訂版』佐伯良隆著（高橋書店）

『財務諸表分析〔第８版〕』桜井久勝著（中央経済社）

『会計クイズを解くだけで財務３表がわかる　世界一楽しい決算書の読み方』大手町のランダムウォーカー著（KADOKAWA）

『世界一やさしい決算書の教科書１年生』小宮一慶著（ソーテック社）

『90分でざっくりと知りたいことだけわかる決算書』今村正・大下航監修（ソシム）

『トコトンやさしい決算書の読み方』中野裕哲・渋田貴正著（ナツメ社）

『これならわかる決算書キホン50！』木村直人著（中央経済社）

『図解 よくわかる決算書の読み方』栃木伸二郎著（ナツメ社）

『超速！決算書「分析」入門 2016』佐伯良隆著（朝日新聞出版）

EDINET　https://disclosure.edinet-fsa.go.jp/

経済産業省「企業活動基本調査結果」https://www.meti.go.jp/statistics/tyo/kikatu/result-2.html

中小企業企業庁「中小企業白書」https://www.chusho.meti.go.jp/pamflet/hakusyo/index.html

監修者

# 大下 航（おおした わたる）

税理士法人千代田タックスパートナーズ代表。監査法人、会計事務所勤務、税理士法人パートナーを経て独立後、2023年から現職。国内外の幅広い業種・法人形態の会計税務に対応。ベンチャー企業への投資・業務支援を積極的に行っており、ITを利用した業務の効率化が得意。

**税理士法人千代田タックスパートナーズ**
東京都千代田区内神田1-14-5 NK内神田ビル3階　Tel.03-3233-1988

| | |
|---|---|
| 編集協力 | 寺本彩、オフィス201（高野恵子、新留華乃） |
| 本文デザイン | 工藤亜矢子（OKAPPA DESIGN）、伊藤 悠 |
| カバーデザイン | 伊藤 悠 |
| イラスト | すぎやまえみこ |
| 校正 | 有限会社K2 |
| 編集担当 | 遠藤やよい（ナツメ出版企画） |

本書に関するお問い合わせは、書名・発行日・該当ページを明記の上、下記のいずれかの方法にてお送りください。電話でのお問い合わせはお受けしておりません。
・ナツメ社webサイトの問い合わせフォーム
　https://www.natsume.co.jp/contact
・FAX（03-3291-1305）
・郵送（下記、ナツメ出版企画株式会社宛て）
なお、回答までに日にちをいただく場合があります。正誤のお問い合わせ以外の書籍内容に関する解説・個別の相談は行っておりません。あらかじめご了承ください。

**ナツメ社Webサイト**
https://www.natsume.co.jp
書籍の最新情報（正誤情報を含む）はナツメ社Webサイトをご覧ください。

オールカラー 知識ゼロから読めるようになる！決算書「超」入門

2021年2月5日　初版発行
2024年10月10日　第7刷発行

| | | |
|---|---|---|
| 監修者 | 大下 航 | Oshita Wataru,2021 |
| 発行者 | 田村正隆 | |

発行所　株式会社ナツメ社
　　　　東京都千代田区神田神保町1-52　ナツメ社ビル1F（〒101-0051）
　　　　電話　03（3291）1257（代表）　FAX　03（3291）5761
　　　　振替　00130-1-58661
制　作　ナツメ出版企画株式会社
　　　　東京都千代田区神田神保町1-52　ナツメ社ビル3F（〒101-0051）
　　　　電話　03（3295）3921（代表）
印刷所　ラン印刷社

ISBN978-4-8163-6955-1　　　　　　　　　　　　　　Printed in Japan